KB073735

나는 승무원이다!

이 도서의 국립중앙도서관 출판예정도서목록(CIP)은
서지정보유통지원시스템 홈페이지(http://seoji.nl.go.kr)와
국가자료종합목록 구축시스템(http://kolis-net.nl.go.kr)에서 이용하실 수 있습니다.
(CIP제어번호 : CIP2019032673)

나는 승무원이다!

2019년 9월 4일 수정보완판 1쇄 발행

지은이 박미화
펴낸이 이미자
펴낸곳 밝은누리
주 소 서울시 금천구 서부샛길 606 대성디폴리스 지하 2층 223호
전 화 02)884-8459
팩 스 02)867-1484
등 록 제317-2007-000031호(1994.10.28)

ISBN 978-89-8100-138-4 43320

수정보완판 항공과 입시 분석 및 면접 비법을 한 권에

나는 승무원이다!

박미화 지음

밝은누리

승무원을 꿈꾸는 청소년에게

　항공서비스과 겸임교수라는 직함을 얻고 난 후 학교 경진대회에 출전하는 고등학생 친구들의 인터뷰 요청을 수차례 받았다. 승무원을 주제로 경진대회를 준비하는 학생이 제법 많았기 때문이다. 이렇게 시작된 고등학생들과의 인연, 더불어 짬짬이 항공서비스과* 진학 상담을 해 주던 것을 계기로 필자는 항공서비스과 입시에 관심을 갖는 학생들이 생각보다 많다는 사실을 알게 되었다. 그런 와중에 문제점도 눈에 들어왔다. 입시 준비 과정에서 반드시 짚고 가야 할 학교에 대한 제대로 된 정보 없이 무분별하게 학교에 지원하는 학생들 또한 의외로 많다는 것. 그런 맨땅에 헤딩 같은 지원이라니……. 인생 선배의 오지랖이 개입할 지점이다. 그렇다면 내가 조언만 할 게 아니라 필요한 정보를 본격적으로 정리해 '보여 주면' 어떨까. 이 책을 쓰기까지에는 이런 생각의 단계들이 있었다.

　고민의 결과물을 간단히 소개하면, 이 책은 항공 승무원 관련 학과가 개설된 전국 열다섯 개 대학을 선정, 학교 정보, 모집 인원, 학교별 면접 참고 사항을 포함해 최근 3년간 경쟁률, 전년도 전형 결과를 한 눈에 볼 수 있게 정리한 것이다. 따라서 홀로 입시를 준비하는 학생도 지원하는 학교에 맞는 전략을 짜는 데 무리가 없으리라 본다.

이 모든 전략은 결국 '면접'으로 향한다. 항공서비스과 입시 성공 여부는 면접에 달렸다 해도 과언이 아닌 까닭이다. 필자는 무엇보다도 면접을 준비하는 데 체계적인 도움을 주고자 했으며, 이는 비밀노트 1,2,3에 잘 담겨 있다.

'비밀노트 1. 승무원을 꿈꾸는 청소년을 위한 비밀노트'에서는,

승무원에 대해 궁금해 하는 부분부터 승무원 취업 컨설턴트로서 필자의 경험을 담은 현실적인 조언을 담아 독자 스스로가 승무원이라는 직업을 객관적으로 바라볼 수 있도록 하였다.

'비밀노트 2. 항공서비스과 면접 준비'에서는,

항공서비스과 면접 준비 시 반드시 필요한 답변 만드는 요령과 해당 예시를 실어 학생들이 답변을 만들 때 겪는 어려움을 최소화하도록 하였다.

'비밀노트 3. 항공사 면접 준비 리스트'에는,

항공서비스과 입학은 승무원 취업을 위한 첫 단추이므로, 첫 단추를 잘 꿰어 마지막 단추까지 맞춤하게 채울 수 있도록 승무원 취업을 위해 꼭 챙겨야 할 사항과 필요한 정보를 담았다.

이 책이 줄 수 있는 건 여기까지. 나머지는 도전하는 여러분에게 달렸다. 필자로서, 또 승무원 선배로서 다음 한 가지만은 꼭 부탁하고 싶다. '나는 승무원이다'라는 책 제목처럼 일상생활에서 '나는 승무원이다'라는 생각을 가지고 말하고 행동하고 미소 지으라는 것. 그렇게 한다면 여러분은 곧 항공서비스과 입학을 손에 넣을 것이요, 가까운 미래에 그 미소를 캐빈으로 가져가 손님을 맞으며 하늘을 날게 될 것이기 때문이다.

* 항공사 승무원을 양성하는 학과의 명칭은 대학별로 다양하다. 항공서비스과, 항공관광과, 항공운항과, 항공운항서비스과, 항공과 등이 그것. 이 책에서는 그중 가장 널리, 많이 사용되는 항공서비스과를 항공 승무원 관련 학과를 대표하는 명칭으로 사용할 것이다.

contents

Unit4 중요 질문 20

승무원을 꿈꾸는 청소년을 위한 비밀노트

Unit1 승무원에 대한 이런 질문 저런 질문
Unit2 나는 승무원이 될 수 있을까?(자가 체크 리스트)
Unit3 대학별 항공 승무원 관련 학과와 입시 분석

이제 막 승무원이 되겠다는 꿈을 품은 여러분이 알고 싶은 것들에는 다음과 같은 것이 있겠다. 하나, 승무원은 어떤 일을 하며 승무원이 되려면 어떤 준비가 돼 있어야 할까. 둘, 그렇다면 나는 승무원이 될 만한 사람인가. 셋, 승무원이 되기 위해 내가 지원할 수 있는 학교는 어디인가. 비밀노트1에서는 승무원이라는 직업에 대한 일반적인 궁금증을 해소하고, 나의 승무원 적합도를 점검하는 체크 리스트를 통해 보다 객관적인 답을 얻도록 했다. 더불어 승무원을 희망하는 학생이 반드시 알아야 할 항공 승무원 관련 학과와 대학 정보는 입시 준비 및 전략 수립을 용이하게 할 것이다.

승무원에 대한 이런 질문 저런 질문

1. 신장 160cm 이하이면 승무원이 되기 어렵다?

승무원 취업 컨설팅에 몸담은 지 10년, 지금껏 가장 많이 받았던 질문이 바로 이것이 아닐까. 신장 하한선 '162cm'는 몇 년 전까지 국내 항공사의 신장 제한이었던 탓에 지원자들 사이에서 줄곧 회자돼 온 허용 기준치에 해당했다. 하지만 최근 몇 년 사이 그 기준이 내려갔고, 현재는 "키 160cm 이하면 승무원 되기가 힘든가요"라는 질문이 늘었다. 이는 국내 항공사들이 신장 제한을 폐지한 데다 기내 승무원 키에 다소 유연한 기준을 적용하는 외국 항공사가 채용을 늘린 결과일 듯싶다. 현재 학생을 지도하는 입장에서 키 때문에 걱정하는 학생들을 만나면 자신이 바꿀 수 없는 조건을 놓고 고민해 봐야 소용없는 일이라고 잔소리를 하지만, 고백하자면 필자 역시 그 입장일 때 키 때문에 고민깨나 했다. 필자의 키가 158cm를 조금 웃도는 탓이다. 이후 승무원이 되고 overhead bin(좌석 위 짐칸)을 닫을 때마다 '승무원 키 제한 이유'를 실감하는 상황에 놓이고 보니, 늘씬하고 키가 큰 지원자의 합격 가능성이 그렇지 않은 지원자의 그것보다 높을 수밖에 없겠구나 하고 납득하게 되었다.

그러나 여기 '키가 신장 기준에 못 미치면 승무원이 될 수 있는가 없는가'라는 질문에 대한 필자의 대답은 '될 수 있다'가 되겠다. 실제 국내 항공사에 160cm가량인 승무원이 있으며, 외국 항공사에도 키가 작은 승무원이 꽤 많기 때문이다. 유념할 점은 여기에는 조건이 따른다는 것. 만약 키가 160cm 초반대인 지원자라면 자신이 그 밖의 요건을 잘 갖춘 사람인지 돌아볼 필요가 있다. **내가 '작은 키'라는 약점을 보완할 만한 강점을 지녔는지 객관적으로 점검해야 한다는 뜻**이다. 면접관을 향해 "저는 키는 작지만 ⋯⋯한 강점이 있으므로 저를 반드시 뽑아 주십시오"라고 말할 수 있는 장점 말이다. 신체 비율이 좋아 실제보다 커 보인다거나 높은 어학 실력을 강조하는 등, 작은 키를 보완해 줄 센스 있는 답변으로 자신의 강점을 드러낸다면 키가 좀 작아도 승무원으로 가는 가능성의 문은 항상 열려 있다고 말하고 싶다.

2. 시니어리티(seniority), 그게 얼마나 무시무시하기에⋯⋯

국내 항공사에는 시니어리티와 관련된 말들과 그로 인한 오해가 참으로 널리 퍼져 있다. 일부는 거의 '악명 높다'고 할 수 있을 정도이다. 후임이 선임 승무원의 스타킹을 세탁하는 것쯤이야 당연하지 않은가, 라는 말도 들어 본 일이 있다. 듣는 순간 동공이 확장되는, 문제의 시니어리티가 과연 실재하는지 여부를 따지기 전에, 항공사에서 말하는 시니어리티에 대해 한번 생각해 볼 필요가 있겠다. 승무원은 높은 상공을 나는 항공기 안에서 일하는 사람이며, 그런 만큼

'안전'은 승무원의 업무 수행에 있어 가장 민감한 사안이다. 비상 상황이 발생한 기내를 떠올려 보자. 예기치 않은 사고, 겁에 질린 승객들……. 이럴 때 해당 상황을 신속히 판단해 조치할 통솔자가 필요해진다. 바로 이때가 시니어리티라는 지휘 체계가 작동하는 순간이다. 통솔자의 판단에 따라 나머지 인원들이 유기적으로 대처하는 가운데 위기 상황을 극복하게 되는 것이다. 이런 특수한 업무 환경을 고려한다면 어느 정도의 시니어리티는 필요하다는 점을 인정해야 하겠다. 그러나 업무상 상하 관계에서 오는 시니어리티가 일종의 괴롭힘으로 변질돼 종종 극복하기 어려운 수준이 된다는 소문도 있다. 그러나 이는 비단 승무원들 간, 즉 항공사에만 국한된 일이라고는 볼 수 없다. 어떤 직업군에서든 '나를 힘들게 하는 상사', '참아 주기 힘든 사람'은 있는 법이다. 단, 타고나기를 동료나 후임을 힘들게 만드는 사람도 분명 존재한다.

그럼에도 선임 승무원을 따르고 존경하는 마음으로 후임 승무원이 자발적으로 선임의 개인적인 허드렛일을 돕거나 도맡아 하는 사례를 많이 보아 왔다. 필자의 경우만 해도 비행을 하던 내내 힘들게 하는 선배나 동료보다는 나를 도와주고 아껴 주는 선배나 동료가 훨씬 많았다. 승무원 출신 지인들의 이야기를 들어 봐도 대개 비슷하다. 게다가 승무원은 모두가 동의하듯 서비스 마인드로 무장한 이들이 아닌가. 서비스 마인드와 배려심이 오로지 승객에게로만 향한다고 생각해서는 안 된다. 그들의 가족과 동료 역시 서비스 마인드의 우산 아래 있다. 언급한 '스타킹 세탁' 사례도 피곤한 선임 승무원을 도와 드리는 마음으로 후임 승무원이 한 일이다. 이런 훈훈한 이야기가 사람들의 입을 타고 전해지면서 항공업계와 별 관계 없는 사람들에게서까지 "승무원이 되면 그런 일도 해야 해?"라며 폄하되는 것을 보는 마음은 결코 편치 않다. 승무원이라면 모름지기 "내가 그런 일까지 해야 돼?"가 아닌 "그런 일까지도 나는 해 드리겠다"고 말할 수 있어야 하지 않을까? 이 직업에 대해 부정적인 이야기를 퍼뜨리는 전·현직 승무원도 적지 않은데, 그들이 불만을 갖는 데는 본인의 서비스 마인드와 배려심이 부족한 것도 원인으로 작용하지 않았겠나 한다.

시니어리티가 무섭고, 그래서 승무원이 될까 말까 주저하는 항공서비스과 지원자들에게 한마디만 하련다. **여러분이 시니어리티가 두려워 승무원 되기를 망설인다면 자신의 서비스 마인드를 다시 점검해 보라고, 생각만큼 서비스 마인드가 충분하지 못한 것은 아닌지** 다시금 스스로를 돌아보라고.

3. 승무원이 되면 탈모가 심해진다?

항공기 안이라는 특수한 공간을 생각해 보자. 승무원이 일할 때 비행기는 상공에 머무는 시간이 훨씬 길고, 그런 만큼 승무원은 기압이 낮은 환경에서 더 오래 일한다. 이렇게 낮은 기압은 모공을 벌어지게 하므로 승무원 대부분이 머리가 많이 빠지는 탈모를 겪는다는 말이 있다. 왠지 설득력 있게 들려, 필자도 현직에 있을 때 비행 후 시간 여유를 두고 머리를 감는 등 신경을 썼다. 하지만 기압이 모공에 영향을 주는 일은 거의 없다고 한다. 모공이 열릴 정도의 기압 차가 생기면 사람이 생활하는 것 자체가 불가능하기 때문이다. 기내라는 업무 환경이 아닌, 스트레스나 유전 요인이 탈모의 보편적인 원인이란다. 승무원이 되고 나서 탈모가 심해진 경우라면 기압 차를 거론하기보다 일 자체가 적성에 맞지 않는 것은 아닌지, 그 때문에 스트레스를 받은 탓이 아닌지 생각해 보아야 할 것이다.

4. 승무원은 불임률이 높다?

괴담 수준의 이야기라 할 만하지만 정말 많이 들었던 말이다. 비행기 이착륙 시 신체가 견뎌야 하는 기압 차가 여성 승무원의 자궁에 영향을 주고, 그 때문에 자궁이 내려앉아 불임을 야기한다는 것이다. 그러나 이는 과학적인 근거가 없는 낭설이다. 실제 10년 이상의 비행 경력을 가진 필자의 지인들을 보면, 물론 개인차는 있지만 모두 임신과 출산에 큰 문제가 없었다. 불임의 원인 역시 승무원의 업무 환경이 아닌, 어떤 종류의 일을 하든 생기게 마련인 스트레스였다. 스트레스가 임신에 관여하는 여성 호르몬 분비에 이상을 야기해 호르몬 불균형을 가져온 탓이다. 유념할 것은, 정도의 차가 있을 뿐 이 세상에 '제로 스트레스'를 외칠 수 있는 직장은 아마도 없으리라는 것. 따라서 이 질문 역시 승무원에게 한정된 사례는 아니라고 말해 둔다.

5. 미인대회 출신이면 가산점을 받는다?

승무원 준비생들로부터 미인대회 수상 경력이 입사에 도움이 된다는 말을 들은 일이 있다. 그 때문인지는 몰라도 필자는 승무원 취업 컨설팅을 한 이래 미인대회 출신 지원자들을 제법 만날 수 있었다. 준비생을 헷갈리게 하는 부분은 '우리 회사는 미인대회 출신 가산점이 없다'고 못을 박는 항공사가 있는 반면, '우리 항공사는 꾸준히 지역 미인대회 입상자를 채용하고 있다'는 뉴스를 보기도 한다는 점일 것이다. 하지만 좀 더 들여다보자. 항공사가 승무원을 채용하는 과정에서 지원자의 외모를 놓고 저마다의 기준을 적용한다고 할 때, 과연 그 기준이 '누가 봐도 미인' 쪽에 가까워질까? '호감이 가는', '매력적인 이미지를 갖춘' 사람이 더 높은 평가를 받지 않을까. 미인대회 트로피가 승무원 면접 합격을 견인했다기보다는 미인대회 출신 지원자가 **해당 대회에 참가하면서 얻은 다양한 부수적인 경험과 입상을 위한 노력, 엄격한 트레이닝 등이 승무원 면접을 보는 데 도움**이 되었고, 결과적으로 지원자에게 좋은 결과를 가져다주었다고 보는 게 맞을 것이다.

6. 남학생이 들어갈 수 있는 항공서비스과는 많지 않다?

남학생도 입학 가능한 항공서비스과가 늘고 있다. 이 책의 **비밀노트1 Unit3 대학별 항공 승무원 관련 학과와 입시 분석**을 살펴보자. 남학생이 지원 가능한 학교를 찾을 수 있으며, 각 학교 홈페이지에서 더욱 자세한 정보를 얻을 수 있다. 최근 승무원을 지망하는 남학생 수가 늘었다. 남학생이 지원할 수 있는 외국 항공사가 는 것도 한 이유일 터. 특히 여성 승무원에게 육체적으로 부담이 되는 기내 업무도 많고, 기내 안전에 대한 중요도가 날로 커지는 만큼 남성 승무원의 기내 역할에도 변화가 생기고 있다. 이에 따라 앞으로 더 많은 대학의 항공서비스과에서 남학생을 뽑을 것으로 보인다.

7. 몸에 흉터가 있으면 승무원이 될 수 없다?

필자의 컨설팅 사례이다. 지원자는 국내 유명 항공사 첫 면접을 앞두고 있었다. 컨설팅을 한 입장에서는 승무원이 될 훌륭한 재목이라 여겼으나, 당시 그 누구도 그 학생의 면접 결과를 희망적으로 보지 않았다. 이유인 즉 한쪽 팔을 1/3가량 덮은 화상 흉터 때문이었다. 팔 안쪽이라 그렇게 눈에 띄지는 않아도 워낙 크고 깊은 흉터이고 보니, 주변 사람들 모두가 결과에 회의적이었던 것이다. 그러나 모두의 예상을 뒤엎고 그 학생은 첫 면접에서 최종 합격 통보를 받았다. 물론 흉터를 감추려고 팔에 화장도 하고, 모의 면접에서 흉터를 보이지 않게 하는 팔 자세를 연습한 덕도 있겠지만, 이후 수영 테스트에서 결국은 존재가 드러날 흉터였기에 그 학생의 도전을 아는 모두가 놀란 결과였다. 자랑은 아니지만 필자는 별로 놀라지 않았던 기억이 있다. 왜냐하면 그 학생은 어느 항공사에서든 탐을 낼 만한 지원자였기 때문이다. 다양한 경험과 훌륭한 외국어 실력, 밝은 표정에 활기찬 목소리, 호감 가는 이미지까지 모두 갖춘 지원자가 바로 그 학생이었던 까닭이다. 이런 자질을 갖췄는데, 그까짓 흉터쯤은 낙방의 이유가 될 수 없었던 것이다.

승무원 준비생들은 이 점을 기억해야 한다. **나에게 부족한 부분이나 부정적으로 작용할 요인이 있다면 이를 덮고도 남을 강점을 키워나가는 현명함이 필요하다는 것!** 단, 문제의 약점이 항공사별로 엄격하게 제한하는 요인에 해당되지는 않는지 면접 전 확인해 두는 준비는 기본이다. 더불어 흉터를 최대한 가릴 수 있는 커피색 스타킹을 착용한다거나 파운데이션 커버 등을 활용하는 센스를 발휘하고, 끝으로 언제나 당당한 자세를 잊지 말자.

8. 면접 시 교정기 착용은 감점 요인이다?

승무원을 희망하는 학생들의 치아 교정 비율이 조금씩 높아지고 있다. 고른 치열이 아무래도 깔끔한 이미지를 주는 까닭이겠다. 특히 치열과 미소에 대해 더욱 호의적인 외부 평가를 받을 수 있다는 사실보다, 교정 후 치아에 대해 학생들 스스로 자신감을 가지게 됨으로써 전보다 더 환하게 적극적으로 미소를 짓는 사례가 많은 듯하다. 필자도 치아 교정 후의 인상과 미소, 더불어 얼굴형까지 긍정적인 방향으로 변한 친구들을 많이 봐 온 터라 교정을 계획하는 학생에게는 적극 추천하는 편이다. 실제 면접관들은 교정기를 착용한 지원자를 부정적으로 보지 않는다. 하지만 교육 중 부상 우려가 있어 언제쯤 교정이 마무리되는지 정도는 물을 것이다. 간혹 교정 중이라 면접을 미루고 싶다는 지원자도 보는데, 이는 면접 기회를 스스로 차 버리는 것이므로 교정기를 끼운 채이더라도 면접만큼은 놓치지 말라고 말하고 싶다. 단, 이는 교정기 착용 여부를 떠나 자신감 있는 자세와 미소를 보여 줄 수 있는 지원자에게만 해당한다. 교정기 때문에 미소 짓기가 꺼려진다면 일단 그 생각부터 바꾸자. '나는 어쨌든 늘 자신감 있는 미소를 짓는 사람이다'라고.

9. 면접에서는 단발보다 올림머리(똥머리)가 유리하다?

외국 항공사 면접에서는 웨이브를 넣은 긴 머리나 포니테일(머리를 하나로 묶는 형태)을 허용하기도 한다. 실제 해당 항공사 승무원으로 비행할 때 해도 되는 헤어스타일이기 때문이다. 국내 항공사 승무원 헤어 규정은 포니테일을 허용하는 LCC 항공사를 제외한 거의 모두가 올림머리와 단발, 두 가지만 허용한다. 이렇게 국내 모든 항공사가 '단발도 된다'고 말하지만, 신기하게도 면접실을 들여다보면 지원자 95% 이상이 올림머리를 하고 있다. 지원자들은 기억하자. 반드시 올림머리일 필요는 없다. 어떤 스타일이 본인에게 더 잘 어울리는지가 중요하다. 면접은 자신의 승무원으로서의 모든 자질을 보여 줄 기회이기 때문이다. '단발인 나'가 익숙하고 마음에 든다면 자신감도 붙을 것이다. 단발 지원자가 많지 않으니 확실히 돋보일 터다. 주의할 점은 이런 선택이 양날의 검이 될 수도 있다는 것. 분명 눈에 띄겠지만, 제대로 정돈되지 않고 본인 생각처럼 그렇게 잘 어울리지는 않는다는 평가를 받게 되면, 그런 '돋보임'이 오히려 독이 될 수 있다.

여전히 올림머리와 단발 사이에서 고민 중인 지원자라면, 다음을 기준으로 선택해 보자.
1) 내가 더 자신감을 가질 수 있는 헤어스타일
2) 승무원 관련 직종에 종사하는 주변 사람들의 호응(승무원 스터디원, 승무원 양성 학원 선생님, 항공서비스과 교수님, 전현직 승무원 등)이 더 좋은 헤어스타일

사실 지원자의 헤어스타일에서 면접관이 아쉬운 점을 보게 될 경우, 입사 후 승무원이 되면 머리를 잘라 보세요 라거나 머리를 길러 보세요 하고 직접적인 코멘트를 주기도 한다. 만약 위 두 판단 기준으로 얻어진 헤어스타일이 상이한 경우라면 필자는 **내가 더 자신감을 가질 수 있는 헤어스타일인 1번 기준을 좀 더 상위에** 두고 싶다. 지원자가 타인의 의견을 좇아 어쩔 수 없이 마음에 들지 않는 헤어스타일을 하고 면접을 치르게 된다면, 결과가 나쁠 때 후회도 클 것이며 면접에서 가장 중요한 '자신감'을 잃을 수 있기 때문이다.

Unit 2

나는 승무원이 될 수 있을까? (자가 체크 리스트)

미소, 외모, 목소리 톤과 말투, 적성, 의지, 객관성. 이렇게 총 여섯 가지 항목에서 자신에게 해당되는 내용을 체크해 '내가 승무원에 얼마나 적합한지'를 살펴보도록 한다.

체크 리스트를 통해 들여다보면 자신의 준비된 정도, 개선해야 하거나 필요한 부분을 일목요연하게 파악할 수 있다. 그리고 이런 앎으로부터 승무원 면접 합격을 향한 첫걸음이 시작된다. 표 각 항목의 내용을 체크해 보자. **51개 내용 중 48개 이상에 해당되는 지원자라야 합격 가능성이 높다고 말할 수 있다.** 해당 내용 모두를 충족하겠다는 마음가짐으로 준비에 들어가자.

면접 합격을 위한 요건을 '변화 가능한 것'과 '변화 불가능한 것'으로 나눈다고 할 때, 키나 흉터, 생김새 등 바꿀 수 없는 요소에 지레 좌절하거나 이를 두고 고민하지 말고, 본인의 노력으로 변화를 가져올 수 있는 요소인 영어 점수, 체중, 면접 자세, 면접 답변 등을 개선하고 향상시키는 데 힘써야 할 것이다. 아래 체크 리스트에서 내가 48개 이상에 해당한다면 자신감을 갖고 실전 면접에 도전해 보자. 체크 리스트라는 점검 단계를 외면한 채 그저 자신감만 넘쳐 나는 지원자라면 하루빨리 현실을 깨닫는 게 좋다. 누구나 승무원이 될 수 있지만 아무나 될 수는 없기 때문이다.

항목	번호	내용	체크
미소 (거울을 보면서)	1	웃을 때 잇몸이 보이지 않는다	
	2	웃을 때 입꼬리가 대칭을 이룬다	
	3	웃을 때 입꼬리가 자연스럽게 올라간다	
	4	웃을 때 입과 눈이 함께 웃는다	
	5	웃는 모습에 자신이 있다	
	6	잘 웃는다는 말을 들어 본 적이 있다	
	7	웃는 모습이 예쁘다는 말을 들어 본 적이 있다	
	8	사진 촬영 시 치아를 다 드러내는 것에 자신이 있다	
	9	20분 동안 안면 경련 없이 자연스러운 미소를 유지할 수 있다	
외모	1	얼굴이 좌우 대칭이다	
	2	얼굴에 화장으로 가릴 수 없는 흉터가 없다	
	3	얼굴에 화장으로 가릴 수 없는 여드름 자국(잡티)이 없다	
	4	키가 165cm 이상이다	
	5	키에 맞는 적정 체중을 유지하고 있다	
	6	서 있을 때 무릎이 붙는다	
	7	다리에 화장으로 가릴 수 없는 흉터가 없다	
	8	서 있을 때 어깨와 골반이 한쪽으로 기울지 않고 바른 자세가 된다	
	9	굽이 7cm 이상인 구두를 신고 20분 동안 흔들림 없이 잘 서 있을 수 있다	
목소리 톤과 말투	1	'-다', -까' 말투 사용이 어색하지 않다	
	2	말끝을 흐리지 않고 완전한 문장으로 이야기를 마무리한다	
	3	목소리가 밝고 경쾌하며 정확한 발음을 구사한다	
	4	사투리 억양이 심하지 않다	
	5	평소 목소리가 좋다는 말을 듣는다	

적성	1	처음 만나는 사람과 대화하는 데 거리낌이 없다	
	2	새로운 환경에 적응하는 데 흥미를 느낀다	
	3	힘든 환경도 긍정적으로 받아들이는 편이다	
	4	혼자 하는 일보다 여러 사람과 함께 하는 일을 선호한다	
	5	눈치가 빠르다는 말을 들어 본 적이 있다	
	6	다른 아르바이트보다 서비스 관련 아르바이트가 적성에 잘 맞는다	
	7	안 좋은 감정이 얼굴에 그대로 드러나지 않는다	
	8	상대가 막무가내로 화를 내도 차분하게 상대의 이야기를 먼저 듣고 내 의견을 말하는 편이다	
	9	외국인과 대화하는 것이 흥미롭다	
	10	시키지 않아도 자발적으로 일을 찾아서 하는 편이다	
	11	토익 600점 이상이다	
	12	영어에 흥미가 있으며 꾸준히 공부하고 있다	
	13	운동에 취미가 있다	
의지	1	항공사 홈페이지를 수시로 방문한다	
	2	항공 관련 뉴스를 찾아 본다	
	3	최근 시사나 상식에 관심이 많다	
	4	항공사별로 정보를 정리해 두었다	
	5	기출 문제에 대한 답변 준비가 잘 되어 있다(또는 준비하고 있다)	
	6	암기할 수 있는 기내 방송이 최소 한 가지 있다	
	7	항공사 채용 관련 알람을 받고 있다	
	8	모의 면접을 해 본 적이 있다	
	9	스터디에 꾸준히 참여하고 있다	
	10	나는 반드시 승무원이 될 것이라는 자신감이 있다	
	11	동영상 촬영, 목소리 녹음 등을 통해 자신의 단점을 객관적으로 바라보고 개선에 힘쓴다	

객관성	1	나이가 27세 미만이다	
	2	주변에서 승무원 입사 준비를 적극 찬성한다	
	3	'승무원답다'는 말을 들어 본 적이 있다	
	4	평소 인사를 잘한다는 칭찬을 들어 본 적이 있다	

대학별 항공 승무원 관련 학과와 입시 분석

청년 실업 문제에 대한 이렇다 할 돌파구가 보이지 않는 지금, 많은 수험생의 눈이 '대학 졸업 후 바로 취업'을 내세우는 (전문)학교나 학과로 향하고 있다. 그 가운데 항공 승무원 관련 학과에 대한 관심은 꾸준한 편이다. 국내 대형 항공사인 대한항공과 아시아나항공을 비롯해 저비용 항공사의 신규 채용이 꾸준히 늘고 있으며 외국 항공사 채용 역시 큰 폭으로 늘면서, 승무원 취업의 지름길로 통하는 2년제 · 4년제 항공서비스과 입학을 향한 경쟁은 변함없이 치열할 전망이다.

항공서비스과를 지망하는 학생들과 제법 오랜 기간 만나 오면서 거듭 확인한 바는, 학생들이 대학 졸업 후 취득 가능한 학위와 그 다양한 취득 과정에 대해 혼란을 느끼는 경우가 많다는 것이다. 4년제 일반대학교(학사 학위)와 2년제 전문대학(전문학사 학위)이 대표적인 대학 교육과정이며, 그 밖에 학점은행제, 평생교육원, 독학학위제 등을 통해 이와 동등한 학위를 취득하는 방법도 있으므로 알아보도록 한다.

대학 교육과정을 진행하는 두 제도

1. 고등교육법에 따라 : 일반대학교, 전문대학에서 학위 취득
2. 평생교육법에 따라 : 학점은행제, 독학학위제를 이용하거나 전공대학(국제예술대학, 백석예술대학, 정화예술대학)에서 학위 취득

평생교육법에 따른 교육제도

1. 학점은행제

: 정규 대학 졸업장과 동등

: 대학 부설 평생교육원, 원격평생교육원, 직업전문학교와 같은 교육원에서 교육 진행

: 이수 학점에 따라 학사(4년제) 또는 전문학사(2년제) 학위 취득 가능

: 전문학사 학위 취득 소요 기간이 평균 2~3학기 과정, 학사 학위의 경우 평균 3~5학기 과정으로 고등교육법에 따른 학위 취득 소요 기간보다 짧은 편임

2. 직업전문학교

: 근로자직업능력 개발법에 따라 고용노동부의 인가를 받아 설치된 직업능력개발훈련시설 중 지정직업훈련시설에 해당한다. 학위를 수여하는 대학이 아니라, 직업에 필요한 직무 수행 능력을 기르기 위해 근로자를 교육시키는 직업훈련기관이다. 직업전문학교, 실용전문학교와 같이 '○○전문학교'라는 명칭을 사용한다.

(출처 : '나무위키')

: 최근에는 학점은행제를 도입해 학위 취득을 돕는 직업전문학교
  도 있음

3. 독학학위제

: 일반대학교 1~4학년에 해당하는 학력 수준을 국가가 시험을 통
  해 검증하는 것으로, 단계별 국가시험을 통과한 응시자에게 4년
  제 대학교 학사 학위 부여

4. 전공대학

: 평생교육법에 근거해 설립된 2년제 평생교육시설로, 수료 시 전
  문대학 학력을 인정받음
: 국제예술대학, 백석예술대학, 정화예술대학이 해당

　다음은 항공 승무원 관련 학과가 개설된 학교를 지역별로 정리한
표이다.

지역	학위	대학명	학과명
서울	2년제	백석예술대학교	항공서비스과
		정화예술대학	항공서비스전공
		한양여자대학교*	항공과
경기도	3년제	동남보건대학교 수원	항공관광영어과
		강동대학교 이천	항공관광과
		경복대학교* 남양주	항공서비스과
		국제대학교 평택	항공서비스과
		대림대학교 안양	항공서비스과

		동서울대학교 성남	항공서비스과
		동원대학교 광주	항공서비스과
		두원공과대학교 안성	항공서비스과
		백석문화대학교 천안	항공서비스전공
		부천대학교 부천	항공서비스과
		서영대학교 파주	항공서비스과
		서정대학교 양주	항공관광과
		수원과학대학교* 화성	항공관광과
		신구대학교 성남	항공서비스과
		안산대학교 안산	항공관광영어과
		여주대학교 여주	항공서비스과
		연성대학교* 안양	항공서비스과
		오산대학교 오산	항공서비스과
		용인송담대학교 용인	항공서비스과
		장안대학교* 화성	항공관광과
		한국관광대학교 이천	항공서비스과
인천	2년제	경인여자대학교*	항공관광과
		인천재능대학교	항공운항서비스과
		인하공업전문대학	항공운항과
충북	2년제	대원대학교 제천	항공관광과
		충청대학교 청원	항공호텔관광학부 스튜어디스 전공
	4년제	극동대학교 음성	항공운항서비스학과/ 중국항공운항서비스학과
		서원대학교 청주	항공서비스학과
		세명대학교 제천	항공서비스학과
		중원대학교 괴산	항공서비스학과
		한국교통대학교 충주	항공서비스학과

	3년제	한국영상대학교 공주	스튜어디스과/중국항공승무원과
충남	4년제	백석대학교 천안	관광학부 항공서비스전공
		세한대학교 당진	항공서비스학과
		중부대학교 금산	항공서비스학과
		청운대학교 홍성	항공서비스학과
		한서대학교 서산	항공관광학과
		호서대학교 아산	항공서비스학과
대전	4년제	배재대학교	항공운항과
강원	2년제	상지영서대학교 원주	항공운항과
	4년제	가톨릭관동대학교 강릉	항공운항서비스학과
경북	2년제	대경대학교 경산	항공승무원과
	4년제	경운대학교 구미	항공서비스학과
		경일대학교 경산	항공서비스학과
		동양대학교 영주	항공서비스학과
대구	2년제	계명문화대학교	호텔항공외식관광학부
		영진전문대학	호텔항공전공 항공승무원반
부산	2년제	경남정보대학교*	국제관광컨벤션학부 항공관광과
		동의과학대학교*	항공서비스과
		동주대학교	항공운항과
		부산여자대학교*	항공운항과
	4년제	신라대학교	항공서비스전공
		영산대학교	항공관광학과
전북	4년제	우석대학교 전주	항공서비스학과
		호원대학교 군산	항공서비스학과
전남	4년제	동신대학교 나주	항공서비스학과
		초당대학교 무안	항공운항서비스학과

광주	4년제	광주여자대학교*	항공서비스학과
		송원대학교	항공서비스학과
		호남대학교	항공서비스학과
제주	2년제	제주관광대학교	항공 · 컨벤션경영과
	4년제	제주국제대학교	항공서비스경영학과

(여학생만 지원 가능한 대학에 * 표시)

상기 대학교 가운데 승무원 관련 학과로 유명하고 항공사 승무원 취업률이 높은 4년제 일반대학교 7개교와 2/3년제 전문대학 8개교를 추려 대학 정보와 더불어 면접에서의 주의 사항을 집중적으로 알아본다. 지원하는 학교의 특징을 제대로 알고 면접에 임하는 것은 수험생으로서 기본자세이므로 다음에 설명하는 학교별 특징을 준비 단계에서 꼼꼼히 확인해 두자.

잠깐! 대학 정보 살펴보기에 앞서

자율개선대학과 역량강화대학

대학 기본역량 진단 평가 결과에 따라 4개 유형으로 대학교(전문대학 포함)를 분류하며 이는 유형별 선별 지원의 근거가 된다. 자율개선대학은 기본역량 진단 평가 상위 등급 대학으로 모집 정원 감축 권고를 받지 않는, 국고 재정 지원을 받는 학교가 된다. 하위 등급을 받은 학교는 평가 순위에 따라 역량강화대학, 진단제외대학, 재정지원제한대학 I, 재정지원제한대학 II로 지정되며, 등급에 따라 정원 감축, 정부 재정 지원 제한, 국가 장학금 및 학자금 대출 제한이라는 핸디캡을 안게 된다.

캠퍼스 리쿠르팅 campus recruiting (소위 '캠리'라 불리는 채용 형태)

항공사별로 캠리 채용 대상 학교를 선정하는데, 대상 학교 졸업자나 졸업 예정자만 지원 가능하다. 항공사 담당자가 직접 학교를 방문해 진행하는 현장 채용 방식이나, 일정 수준의 성적을 얻은 학생만 지원 가능한 경우도 있다.

블라인드 면접

지원자의 이름, 출신 학교명을 제외한 정보만 면접관에게 공개하는 면접 형식

전년도 입시 결과 표 보는 방법

- 인문계 일반 고교에서 지원 가능한 전형 중심으로 작성, 특별 전형은 각 대학교 모집 요강에서 확인할 것
- 학교측에서 정보를 공개하지 않은 항목은 공란으로 두었음
- 예비 번호는 추가로 합격한 수험생의 순위를 뜻함
- 대학 정보와 면접 참고 사항에는 매년 변동 사항이 생기므로 지원자는 추후 대학별 홈페이지를 통해 해당 내용을 확인해야 한다.

1. 동서울대학교 자율개선대학

1) 개요

- **소재지** : 경기도 성남시
- **학과명** : 항공서비스과
- **모집 정원** : 80명
- **등록금** : 3,055,900원 / **입학금** : 312,000원
- **기숙사** : 없음
- **예비 승무원 대회** : 'BOB(Best of the Best) Crew Contest' 개최
- **학과 프로그램 및 특이 사항**

  매년 항공사와 협약해 해외 비행 기내 실무를 실습한다. 아시아나항
  공과 발리, 싱가포르 행 항공편 기내 실습, 하와이언항공과 하와이 행
  항공편 기내 실습 및 조종실 입실, 진에어와 세부 행 항공편 기내 갤
  리 실습을 진행한다. 교내에 A380 라운지 실습실을 완비하였다. 미
  국, 호주, 중국, 필리핀 등으로 해외 연수 프로그램을 진행, 경비 및 학
  교 장학금을 지급한다. 외국어 공부를 중시해 매일 영어 단어 테스트
  를 시행한다. 중국어 특별반과 BOB crew 동아리를 운영한다.

2) 면접 참고 사항

- 여성 면접관 3인, 남성 면접관 2인에 지원자 5인으로 진행. 1인당
  2~3개의 질문을 받으며 면접관에 따라 영어 질문이 있을 수 있다.

- 블라인드 면접이므로 출신 학교가 드러나는 교복이 아닌 정장(여: 흰색 반팔 블라우스, 검정색 스커트, 구두/남: 정장과 구두) 착용
- 헤어는 쪽머리 필수
- 면접실 내 워킹 동선이 긴 편

3) 전년도 입시 결과

① 수시

학년도	전형 결과(내신)			경쟁률	예비번호
	합격 평균	합격컷	최고		
2017	6.07	7.61		40.40	
2018	6.03	7.04		60.20	
2019	6.15	7.14		56.60	

② 정시

학년도	내신 등급			수능 백분위			경쟁률	예비번호
	최고	평균	최저	최고	평균	최저		
2017							175	
2018							174	
2019							103	

2. 부산여자대학교 (3년제) 자율개선대학

1) 개요
- **소재지** : 부산광역시
- **학과명** : 항공운항과
- **모집 정원** : 140명
- **등록금** : 2,977,000원 / **입학금** : 519,600원
- **기숙사** : 신입생 전원 기숙 가능(부산 지역 학생 제외)
- **예비 승무원 대회** : 없음
- **여학생만 지원 가능**
- **학과 프로그램 및 특이 사항**

  1학년은 에어부산, 2학년은 아시아나항공, 3학년은 제주항공에서 매년 항공사 승무원 체험 교육을 실시한다. 일본 및 중국 대학교와 자매 결연을 해 상호 교환학생을 주고받으며, 괌, 필리핀, 일본, 중국 등으로의 어학연수 기회를 제공한다. 또한 티웨이항공, 에어부산, 이스타항공, 진에어와 산학협동을 맺고 있다. 다양한 어학 관련 동아리가 있으며, 스피치 대회와 장기 자랑을 선보이는 항공 페스티벌을 개최한다. '빛솔' 홍보단이 있다.

2) 면접 참고 사항
- 면접관 3인, 지원자 10인으로 진행
- 원서 접수 종료 후 3일 이내 홈페이지에서 수험생 면접 시간 확인 가능
- 질문은 자기소개와 지원 동기에 대한 것이 주이며, 그에 따른 꼬리질문이나 추가 질문에 준비하는 것이 좋다.

3) 전년도 입시 결과

① 수시

학년도	전형 결과(내신)			경쟁률	예비번호
	합격 평균	합격컷	최고		
2017	5.97	7.81		3.07	
2018	5.65	7.33			
2019	5.73	7.41			

② 정시

학년도	내신 등급			수능 백분위			경쟁률	예비 번호
	최고	평균	최저	최고	평균	최저		
2017		6.08	6.08					
2018		6.94	6.94					
2019		5.99	6.97				2.00	8

3. 수원과학대학교 역량강화대학

1) 개요
- **소재지** : 경기도 화성시
- **학과명** : 항공관광과
- **모집 정원** : 200명
- **등록금** : 2,367,000원 / **입학금** : 490,000원
- **기숙사** : 없음
- **예비 승무원 대회** : 없음
- **여학생만 지원 가능**
- **학과 프로그램 및 특이 사항**

  아시아나항공과 산학협동을 맺어 캠퍼스 리쿠르팅을 진행한다. 삼성
  에버랜드와 산업체 현장교육협약을 체결, 현장 실무 교육을 실시하
  며, 항공사·호텔·여행사 등으로의 현장 실습을 진행한다. 대만, 중
  국, 호주의 대학과 매년 자매결연을 통해 상호 교환학생을 파견한다.
  교내 영어, 일어, 중국어 스피치 대회와 스마일 페스티벌도 개최한다.

2) 면접 참고 사항
- 면접관 3인, 지원자 6인으로 진행. 1인당 1~2개의 개별 질문 또는 공
  통 질문 주어짐
- 복장은 상의는 흰색 반팔 라운드(V넥 포함) 티셔츠, 하의는 무릎선이
  보이는 정장 치마, 신발은 학교가 제공하는 실내화 착용
- 헤어나 메이크업, 스타킹 색상 제한은 없음

3) 전년도 입시 결과

① 수시

학년도	전형 결과(내신)			경쟁률	예비번호
	합격 평균	합격컷	최고		
2017 1차	4.41	7.68		38.93	102
2017 2차	4.52	8.37		45.82	8
2018 1차	4.35	7.04		37.67	104
2018 2차	4.81	7.41		43.77	20
2019 1차	4.42	7.44		40.67	92
2019 2차	4.60	7.36		36.18	21

② 정시

학년도	내신 등급			수능 백분위			경쟁률	예비 번호
	최고	평균	최저	최고	평균	최저		
2017		4.08	6.37		71.37	43.00	29.55	20
2018		4.01	6.76		78.45	56.00	20.95	20
2019					69.23	48.00	20.00	16

4. 연성대학교 자율개선대학

1) 개요
- **소재지** : 경기도 화성시
- **학과명** : 항공서비스과
- **모집 정원** : 110명
- **등록금** : 2,990,000원 / **입학금** : 497,000원
- **기숙사** : 있음
- **예비 승무원 대회** : 매년 9월경 '연성엔젤스 페스티발' 개최
- **여학생만 지원 가능**
- **학과 프로그램 및 특이 사항**

  아시아나항공과 체험 교실 진행. 유니폼 착용 후 이미지 메이킹, 기내 서비스 실습 등 승무원 업무에 대한 실전과 같은 체험 가능. 방학 기간을 이용한 해외 어학연수 프로그램 운영. 그 밖에 다양한 해외 견학과 실습, 특급 호텔에서의 테이블 매너와 호텔 매너를 체험할 수 있다. 더불어 4년제 학사 학위 전공 심화 과정을 운영하므로 전문학사 학위 취득 후 학사 과정 진학이 가능하다.

2) 면접 참고 사항
- 한 조당 지원자 5인, 면접관 3인으로 진행. 1인당 1~2개 정도의 질문을 받고 영어 지문 읽기 평가 실시. 해당 지문은 면접 기간 중 학교 홈페이지에 게시된다.
- 복장은 교복을 착용하는 경우 운동화 착화가 가능하며, 정장인 경우 흰색 계열 블라우스에 검정색 계열 치마를 입고 구두를 신는다.
- 긴 머리는 단정하게 묶거나 올림머리를 한다. 이때 앞머리는 이마와 귀가 보이도록 넘겨야 하며, 파마머리는 부적절하다.

• 메이크업은 가벼운 기초화장만 허용

3) 전년도 입시 결과

① 수시

학년도	전형 결과(내신)			경쟁률	예비번호
	합격 평균	합격컷	최고		
2017	5.27	7.25		62.26	57
2018	5.24	7.94		68.02	57
2019	5.11	7.30		69.53	64

② 정시

학년도	내신 등급			수능 백분위			경쟁률	예비 번호
	최고	평균	최저	최고	평균	최저		
2017							86.60	17
2018							62.60	5
2019							52.14	7

5. 인하공업전문대학교 자율개선대학

1) 개요
- **소재지** : 인천광역시
- **학과명** : 항공운항과
- **모집 정원** : 151명
- **등록금** : 3,270,000원 / **입학금** : 327,780원
- **기숙사** : 있음
- **예비 승무원 대회** : 없음
- **남학생은 정시 지원만 가능**(2018년도부터)
- **학과 프로그램 및 특이 사항**

  대한한공과 산학협동을 맺은 학교로 대한항공 승무원 취업률이 높다. 공항 체크인 실무 체험이 가능한 '항공실무실습실', 비상 시 상황 대응 실습이 가능한 '비행실습실', 체력 단련실을 구비해 실제 승무원 생활 체험을 가능하게 했다. 일본, 중국, 우즈베키스탄, 몽골 등지에서 온 유학생과의 멘토/멘티 프로그램을 진행한다.

2) 면접 참고 사항
- 면접 날짜와 시간은 변경 불가
- 공정성을 위해 수험생이 자신의 이름과 수험 번호를 말하지 않는 블라인드 면접 진행
- 한 조당 지원자 7인, 면접관 3인으로 진행
- 여학생은 티셔츠와 치마, 살구색 스타킹 착용 후 학교에서 제공하는 실내화를 신음. 남학생은 단정한 상의와 바지, 여학생과 마찬가지로 실내화 착용

3) 전년도 입시 결과

① 수시

| 학년도 | 전형 결과(내신) | | | 경쟁률 | 예비번호 |
	합격 평균	합격컷	최고		
2017 1차	4.70			61.70	7
2017 2차	4.10			109.00	0
2018 1차	4.60			54.80	6
2018 2차	4.40			157.30	0
2019 1차	5.00			47.30	6
2019 2차	4.70			97.90	6

② 정시

| 학년도 | 내신 등급 | | | 수능 백분위 | | | 경쟁률 | 예비번호 |
	최고	평균	최저	최고	평균	최저		
2017							40.60	1
2018							38.30	1
2019							35.00	4

6. 장안대학교 역량강화대학

1) 개요
- **소재지** : 경기도 화성시
- **학과명** : 항공관광과
- **모집 정원** : 주간 50명 / 야간 19명
- **등록금** : 3,126,400원 / **입학금** : 312,600원
- **기숙사** : 있음
- **예비 승무원 대회** : 매년 6월경 개최
- **여학생만 지원 가능**
- **학과 프로그램 및 특이 사항**

타이항공과 글로벌 현장 체험 프로그램을 진행한다. 와인 소믈리에 실습실, 항공 예약 시스템실, 공항 입출국 실습실, 이미지 메이킹 실습실, 기내 방송 실습실, 항공 예약 발권 시스템실 등 다양한 시설을 갖추고 실습 중심의 교육을 진행한다. 학생들이 영어를 비롯한 중국어, 일어 등 언어 관련 자격증을 강의 시간을 통해 취득하도록 하며, '담임 교수제'로써 모든 학과 학생을 관리한다. 타 학교와 다르게 학교 유니폼 블라우스 색이 매년 바뀌는 것도 특징적이다. 주간과 야간에 복수 지원할 수 있다.

2) 면접 참고 사항
- 여성 면접관 3인, 남성 면접관 2인에 지원자 5인으로 진행. 1인당 2~3개의 질문을 받는다. 영어 지문 읽기 절차는 따로 없으나 영어 질문을 받을 수 있다.
- 면접관 5인의 평가 점수 중 최고점과 최저점을 제외한 3개 점수의 평균을 낸 것이 최종 점수가 된다.

- 복장은 흰색 티셔츠(V나 U넥 가능)와 검정색 정장 치마에 학교에서 제공하는 슬리퍼를 착용한다.
- 헤어는 잔머리 없이 깔끔하게 넘겨 묶는 포니테일을 권장하는 편이다.
- 짙은 메이크업은 지양, 최대한 깔끔하고 학생다운 어피어런스를 드러내는 것이 좋다.

3) 전년도 입시 결과

① 수시

학년도	전형 결과(내신)			경쟁률	예비번호
	합격 평균	합격컷	최고		
2017				53.70	
2018				51.90	
2019	5.10			44.01	232

② 정시

학년도	내신 등급			수능 백분위			경쟁률	예비번호
	최고	평균	최저	최고	평균	최저		
2017							35.20	
2018							46.40	
2019							44.80	5

7. 제주관광대학교 자율개선대학

1) 개요

- **소재지** : 제주도 제주시 애월읍
- **학과명** : 항공서비스과
- **모집 정원** : 45명
- **등록금** : 2,054,500원 / 입학금 : 417,000원
- **기숙사** : 있음
- **예비 승무원 대회** : 매년 9월경 '하나린 크루 페스티벌' 개최
- **학과 프로그램 및 특이 사항**

  제주항공 취업 프로그램 '제주항공아카데미' 참여 학교이다. 캐나다, 호주, 필리핀, 하와이 등지에서 다양한 해외 인턴십 기회를 부여하며, 필리핀 항공사 취업 프로그램 및 일본 JDC 면세점 취업 과정 수료 프로그램 등으로 해외 취업 기회 또한 제공한다. 중국 성도항공직업전문대학과 공동 교육 프로그램을 진행, 매년 70여 명의 중국인 교환학생이 복수 학위 과정을 수료하고 있다.

  저렴한 등록금, 학과 학생 40% 이상에게 주어지는 어학연수 참여 기회, 폭넓은 장학제도는 큰 자랑거리이다. 홍보단으로 '하나린'이 있다.

2) 면접 참고 사항

- 한 조당 면접관 4인, 지원자 5인으로 진행
- 학교 소재지 특성상 화상 면접 요청이 가능하며, 정해진 날짜와 시간에 면접 복장을 갖추어 화상 통화로 진행하면 된다.
- 지원 동기와 입학 후 학업 포부를 묻는 질문에 대한 답변 준비는 필수이다.

- 여학생은 흰색 반팔 블라우스와 검정 치마를 입으며, 남학생은 정장 이나 교복 착용도 가능하다.
- 여학생 헤어는 올림머리가 추천되며 너무 진하지 않은 메이크업을 선호한다.

3) 전년도 입시 결과

① 수시

학년도	전형 결과(내신)			경쟁률	예비번호
	합격 평균	합격컷	최고		
2017					
2018	6.68	6.68			
2019	5.23			4.40	14

② 정시

학년도	내신 등급			수능 백분위			경쟁률	예비 번호
	최고	평균	최저	최고	평균	최저		
2017								
2018					45.25	50.92	6.00	
2019		6.21					2.75	4

8. 한양여자대학교 자율개선대학

1) 개요
- **소재지** : 서울특별시
- **학과명** : 항공과
- **모집 정원** : 80명
- **등록금** : 2,665,000원 / **입학금** : 558,000원
- **기숙사** : 있음
- **예비 승무원 대회** : 없음
- **여학생만 지원 가능**
- **학과 프로그램 및 특이 사항**

  아시아나항공 · 에어아시아와 MOU 산학협동 체결. 매년 아시아나항공 승무원 체험 프로그램에 참여한다. 또한 해외연수 및 해외 문화 탐방 기회를 부여하며, 항공 승무원 진로 체험 및 호텔 실습 기회도 얻을 수 있다. 다른 학교와 달리 바지 유니폼 착용이 가능하며, 실내악 동아리 '아마빌레'를 운영한다.

2) 면접 참고 사항
- 한 조당 면접관 3인, 지원자 5인으로 진행
- 현장에서 제비뽑기 형식으로 세 줄짜리 영어 지문을 뽑은 후 읽기 평가(해당 지문은 본인이 읽을 차례가 되어야 열어 볼 수 있음에 유의). 지문 난이도는 대체로 낮은 편이며 기내 방송문이 포함될 수 있음. 일부 지원자에게 지문 해석을 요구하는 독해 평가 실시 가능
- 교복 또는 면접 복장 선택 가능
- 면접실 내 워킹 라인은 없으며 본인 번호 앞에 서서 면접 진행
- 스트레스 해소법을 묻는 질문 출제 빈도 높음

3) 전년도 입시 결과

① 수시

학년도	전형 결과(내신)			경쟁률	예비번호
	합격 평균	합격컷	최고		
2017	5.28	7.70		101.80	59
2018	4.85	7.98		104.38	102
2019	5.13	8.02		98.88	84

② 정시

학년도	내신 등급			수능 백분위			경쟁률	예비번호
	최고	평균	최저	최고	평균	최저		
2017		4.92	6.76				39.20	20
2018		5.50	6.56				26.40	22
2019							30.33	24

1. 광주여자대학교 자율개선대학

1) 개요

- **소재지** : 광주광역시
- **학과명** : 항공서비스학과
- **모집 정원** : 113명
- **등록금** : 2,716,000원 / **입학금** : 321,000원
- **기숙사** : 있음
- **예비 승무원 대회** : 없음
- **학과 프로그램 및 특이 사항**

2004년 국내 4년제 여자대학 최초로 항공서비스학과 설립. 2018년도 항공사 승무원 합격자 55명, 지상직 18명 배출, 높은 취업률을 자랑한다. 아시아나항공 · 제주항공 승무원 체험교실, 중국 교환학생 및 해외 인턴십 프로그램을 운영한다. 또한 매년 싱가포르항공과 연계하여 국제선 비행 연수 프로그램을 진행한다. 전공 역량 강화, 사회봉사 등 다양한 분야의 동아리 활동이 가능하다.

신입생 전원에게 장학금을 지급하고, 타지 출신 신입생 전원에게 기숙사 입소 자격을 부여한다. 돈독한 선후배 관계를 견인할 짝선배 · 짝후배 · 멘토링 제도. 안전 · 서비스 · 지상직 · 외국어 부문 자격증 과정 및 특강을 진행하며 자격증 취득 비용 일부를 지원한다.

2) 면접 참고 사항

• 면접관 2인, 지원자 7인 이내로 면접 진행
• 면접 2주 전쯤 예상 질문 홈페이지 게시
• 블라인드 면접이므로 출신 학교가 드러나는 교복이 아닌 단정한 반
  팔 상의와 무릎길이 스커트 착용 필수. 학과에서 제공하는 슬리퍼를
  착용하고 면접 진행
• 헤어는 이마를 드러내 잔머리가 나오지 않도록 깔끔하게 묶거나, 단
  발인 경우 이마와 귀가 보이도록 단정하게 넘긴다.

3) 전년도 입시 결과

① 수시

학년도	전형 결과(내신)			경쟁률	예비번호
	합격 평균	합격컷	최고		
2017	4.00			15.99	
2018	3.93			13.68	
2019	4.22			8.84	

② 정시

학년도	내신 등급			수능 백분위			경쟁률	예비 번호
	최고	평균	최저	최고	평균	최저		
2017		2.88					15.00	
2018		3.60					12.00	
2019		3.83					6.67	

2. 극동대학교 역량강화대학

1) 개요
- **소재지** : 충북 음성군
- **학과명** : 항공운항서비스학과
- **모집 정원** : 45명
- **등록금** : 3,400,000원 / **입학금** : 400,000원
- **기숙사** : 있음(성적순, 원거리 거주자 우선 선발)
- **예비 승무원 대회** : 개최
- **학과 프로그램 및 특이 사항**

  에어로 K, 티웨이항공, 에어서울과 MOU 체결. 기업 탐방 프로그램, 현장 실습 사전 교육 취업 캠프 등 다양한 취업 프로그램을 진행한다. 매 학기 단기 해외 어학연수를 실시하며 교환학생을 파견한다. 전국 대학 최초로 '바디밸런스' 교과목(요가, 스포츠 댄스 교육)을 개설했다. 영어 · 일어 · 중국어 집중 교육인 외국어 교육 프로그램(KFLP)을 운영한다. 항공 분야에 취업한 선배를 초청해 조언을 듣고 재학생과 소통의 시간을 갖는 '홈 커밍 데이' 프로그램이 있다.

2) 면접 참고 사항
- 면접관 3인, 지원자 5인으로 진행
- 학교에서 제공하는 티셔츠와 슬리퍼 착용
- 면접실 입장 시 ㄷ자 워킹. 제자리에 서서 준비한 자기소개를 하고 질문에 대답
- 영어 지문 읽기, 외국어 자기소개를 준비하는 것이 좋다.
- 원서 접수 시 면접일 선택 가능

3) 전년도 입시 결과

① 수시

학년도	전형 결과(내신)			경쟁률	예비번호
	합격 평균	합격컷	최고		
2017	3.93	5.30	1.30	44.40	
2018	3.44	5.00	3.19	67.60	
2019	3.36	4.50	1.80	56.30	

② 정시

학년도	내신 등급			수능 백분위			경쟁률	예비번호
	최고	평균	최저	최고	평균	최저		
2017		2.88					17.00	
2018		3.60						
2019		3.83						

3. 백석대학교 자율개선대학

1) 개요
- **소재지** : 충남 천안시
- **학과명** : 항공서비스 전공
- **모집 정원** : 80명
- **등록금** : 3,400,000원 / **입학금** : 438,000원
- **기숙사** : 있음
- **예비 승무원 대회** : 매년 5월경 개최
- **학과 프로그램 및 특이 사항**

  항공서비스 전공은 해외 교류 확대를 통한 글로벌 인재 양성 프로그램을 운영한다. 높은 장학금 지급률을 자랑하며, 미국을 비롯한 19개국 90여 개 기관과 학술교류협정을 체결하여 매 학기 80여 명의 교환학생을 해당 기관에 파견하고 있다. 70여 명의 단기(4주) 연수생을 미국 등의 국가로 파견하는 프로그램도 운영 중이다. 국내 최대 규모의 관광학부 실습실을 구비했으며, 호텔 실무 실습, 관광팸투어(Familiarization tour: 사전 답사 여행) 체험 실습, 아시아나체험교실 등을 통한 실무 중심 수업을 진행한다. 그 밖에 전국체육대회 개·폐회식 의전, 교내·외 각종 행사 의전과 더불어 다양한 사회봉사 활동을 하고 있다.

2) 면접 참고 사항
- 2인의 면접관, 7인 이내 지원자의 다대다 방식으로 10~15분 내외로 진행된다. 지각한 지원자는 별도 편성한 조로 면접을 치른다.
- 복장은 교복과 정장(여: 흰색 반팔 블라우스, 검정색 스커트/남: 정장) 중 어울리는 것을 선택하며, 긴팔 착용 시 소매를 걷은 채 면접을 치른

다. 학과에서 준비한 슬리퍼를 착용한다.

- 헤어는 남학생의 경우 고개를 숙여 인사한 뒤에도 흐트러지지 않도록 손질하고, 여학생은 올림머리, 포니테일 모두 허용한다.
- 메이크업은 과하지 않게 학생다운 자연스러움을 지향한다.
- 원서 접수 시 면접일 선택이 가능하며, 항공사 및 승무원에 대한 이해도와 기본 소양을 평가하는 질문의 출제 빈도가 높다.

3) 전년도 입시 결과

① 수시

학년도	전형 결과(내신)			경쟁률	모집 정원	예비 번호
	합격 평균	합격컷	최고			
2017 일반전형	3.47	3.79	2.32	7.40	45	124
2017 백석인재	4.21	4.91	3.60	9.49	45	40
2018 일반전형	3.33	3.66	2.11	6.25	40	83
2018 백석인재	4.21	4.75	3.44	9.95	38	36
2019 일반전형	3.37	3.73	2.88	6.13	45	83
2019 백석인재	4.14	4.89	3.30	8.13	40	47

② 정시

학년도	내신 등급			수능 백분위			경쟁률	예비 번호
	최고	평균	최저	최고	평균	최저		
2017				76.90	64.00	47.10	12.14	8
2018				85.60	77.90	67.20	15.77	7
2019				85.40	81.90	78.30	15.60	10

4. 중부대학교 자율개선대학

1) 개요
- **소재지** : 충남 금산시
- **학과명** : 항공서비스학과
- **모집 정원** : 100명
- **등록금** : 3,520,300원 / **입학금** : 360,000원
- **기숙사** : 1학년 전원 기숙사 생활 가능
- **예비 승무원 대회** : 개최
- **학과 프로그램 및 특이 사항**

  항공관광학부 항공서비스학과는 산학협력교육인증제 선정 학과로 LINC 사업의 다양한 혜택을 받고 있다. 1~4학년 선후배 간 돈독한 관계를 위한 멘토링과 직속 제도를 운영한다. 정원 100명 중 20~30명이 남학생으로 그 수는 조금씩 늘어나는 추세.

  교내 프로그램으로는 1~3학년 학생들이 연 1회 학교 강당에서 개최하는 면접 대회와 다수의 해외 연수 프로그램이 있다. 특히 신입생 전원에게 학원 장려금 100만 원을 지급하거나 해외 연수 기회를 부여하며 단기 어학연수 및 중국, 일본, 필리핀, 러시아와 체결한 교환 교류 학생 프로그램을 진행한다. 활발한 학과 홍보 활동을 하는 홍보부 '다온'을 운영한다.

2) 면접 참고 사항
- 면접 일주일 전 면접 예상 질문 두 가지가 홈페이지에 게시되며, 그중 한 가지 질문과 외국어 자기소개에 대한 답변 준비는 필수. 질문의 난이도가 있는 편이며, 영어 기내 방송문을 읽게 하거나 잘 읽는 지원자에게는 해석을 해 보라고 하기도 한다.

- 3인의 교수진 면접관과 지원자 8인이 앉아서 면접 진행
- 복장은 교복 또는 정장(여: 흰색 반팔 블라우스, 검정색 스커트/남: 정장) 이며 학과에서 제공하는 슬리퍼를 착용한다.

3) 전년도 입시 결과

① 수시

학년도	전형 결과(내신)			경쟁률	예비번호
	합격 평균	합격컷	최고		
2017	4.05			11.53	
2018	4.13		4.12	16.00	
2019	3.62		4.46	35.40	81

② 정시

학년도	내신 등급			수능 백분위			경쟁률	예비번호
	최고	평균	최저	최고	평균	최저		
2017		3.97	4.96				57.00	
2018		3.64	3.30				5.00	
2019		3.78	4.77					

5. 한국교통대학교 자율개선대학

1) 개요
- **소재지** : 충북 충주시
- **학과명** : 항공서비스학과
- **모집 정원** : 21명
- **등록금** : 1,785,000원
- **기숙사** : 있음
- **예비 승무원 대회** : 없음
- **학과 프로그램 및 특이 사항**

  충주대학교와 한국철도대학교 통합 이후 출범한 학교. 국내 유일의 국립대학교 항공서비스학과로 저렴한 학비와 다양한 장학금 제도가 특징. 21명 소수 정예 운영. 홍보단으로 '한빛나래'가 있다.

  1대1 멘토/멘티 프로그램인 '햄토링'으로 각 지역 항공과 지망생과 재학생을 연결, 주기적인 연락과 만남을 통해 수험생의 항공과 입시 준비를 돕는다. 항공 산업 인력 양성을 목표로 에어로 K 항공사와 MOU를 체결한 바 있다.

2) 면접 참고 사항
- 면접관 4인, 지원자 5인으로 진행
- 개별 심층 면접으로 조별 면접 소요 시간이 15분 이상으로 긴 편
- 학생부 종합 전형 NAVI 전형으로 1단계(서류 심사: 자기소개서 평가)를 통과해야 2단계 면접 자격 주어짐
- 블라인드 면접이므로 출신 학교가 드러나는 교복이 아닌 정장(여: 흰색 반팔 블라우스, 검정색 스커트, 구두/남: 정장과 구두) 착용
- 수시 전형으로만 모집하였으나, 2020년도부터 정시 전형으로도 모

집할 예정임

3) 전년도 입시 결과

① 수시

학년도	전형 결과(내신)			경쟁률	예비번호
	합격 평균	합격컷	최고		
2017	3.89		2.78	43.00	5
2018	3.80		2.54	40.19	3
2019	3.66		2.74	37.52	8

② 정시

정시 모집 없었음

6. 한서대학교 자율개선대학

1) 개요

- **소재지** : 충남 서산시
- **학과명** : 항공관광학과
- **모집 정원** : 70명
- **등록금** : 4,300,000원 / **입학금** : 200,000원
- **기숙사** : 있음
- **예비 승무원 대회** : 없음
- **학과 프로그램 및 특이 사항**

  항공학부 항공관광학과는 아시아나항공과 산학협동 체결. 항공 특성화 대학이며 자체 비행장을 보유한 아시아권 최초의 대학으로 교육용 보잉737 여객기도 구비하는 등, 항공 교육을 위한 기반 시설을 완비했다. 3학년 1학기에 모든 학생에게 어학연수(미국, 일본, 중국 중 택1) 기회를 부여한다. 교직 과정 이수도 가능하며, 중등학과 정교사(2급)와 관광 자격증을 취득할 수 있다.

2) 면접 참고 사항

- 면접관인 교수 3인, 지원자 5인으로 진행
- 면접관과 지원자의 거리가 상당히 가까운 편
- 교복 착용 권장. 메이크업 하지 않은 얼굴 선호. 학교에서 제공하는 슬리퍼 착용 후 면접 시행
- 인성 관련 면접 질문을 면접일 일주일 전 홈페이지에 공개

3) 전년도 입시 결과

① 수시

학년도	전형 결과(내신)			경쟁률	예비번호
	합격 평균	합격컷	최고		
2017	4.30			95.13	4
2018	3.50			111.38	15
2019	3.90				9

② 정시

학년도	내신 등급			수능 백분위			경쟁률	모집 정원	예비 번호
	최고	평균	최저	최고	평균	최저			
2017								–	
2018		3.90						16	3
2019									

7. 호서대학교 자율개선대학

1) 개요
- **소재지** : 충남 아산시
- **학과명** : 항공서비스학과
- **모집 정원** : 48명
- **등록금** : 3,851,000원 / **입학금** : 450,000원
- **기숙사** : 1,2학년 2인실 의무 입소
- **예비 승무원 대회** : 비정기 개최
- **학과 프로그램 및 특이 사항**

  중국 하이난항공과 산학협동 체결. 졸업 여행으로 홍콩 캐세이퍼시픽항공 본사 견학. 해외 대학과 맺은 다양한 협정을 통해 중국, 미국, 일본 등지로 교환학생 파견 프로그램을 진행한다. 학과 홍보부 '호근호근'을 운영한다.

2) 면접 참고 사항
- 면접관 5인 지원자 3인으로 진행
- 면접 고사(필기시험) 실시. 면접 당일 수험생 대기실에서 OMR 카드 두 장과 A4용지를 받아 OMR 카드에 본인의 인적 사항 기록 후, 답변 준비실로 이동해 시험을 치른다. 필기시험은 인성 및 기본 사고 능력을 묻는 문제로 구성된다. 시험을 마치면 대기실로 이동해 15분가량 면접 준비 시간을 갖는다. 이때 학교에서 제공한 수첩에 답변을 정리할 수 있으며, 면접 시 수첩에 적은 내용을 참고해 답변하는 것도 가능하다.
- 여학생은 간결한 메이크업, 올림머리. 복장은 반팔 블라우스와 검정색 스커트, 구두를 착용하거나 교복에 운동화를 착용하는 것 중 선택

할 수 있다.
- 남학생은 이마를 드러낸 깔끔한 헤어. 복장은 정장과 구두 또는 교복과 운동화 중 선택한다.

3) 전년도 입시 결과

① 수시

학년도	전형 결과(내신)			경쟁률	예비번호
	합격 평균	합격컷	최고		
2017	3.57	4.03		27.90	19
2018	3.85	4.48		22.13	34
2019	3.79	4.98		27.38	40

② 정시

학년도	내신 등급			수능 백분위			경쟁률	예비 번호
	최고	평균	최저	최고	평균	최저		
2017		3.91	5.33		67.17	41.33	8.00	7
2018					71.48	59.00	13.22	8
2019					71.29	50.67	8.00	2

비밀노트 2
항공서비스과 면접 준비

비밀노트2는 항공서비스과 입시 면접을 상세히 다룬다. 기본적인 주의 사항부터 면접일 하루 전부터 준비해야 할 것, 면접 시뮬레이션으로 주요 사항을 미리 파악해 보도록 하였다. 또한 성공적인 면접으로 가는 필수 과정인 면접 답변 준비 방법을 알아본다. 필수 질문 10과 중요 질문 20으로 나누었으므로 학습이 수월할 것이다. 더불어 시사 및 돌발 면접 기출문제를 유형별로 분류하여 그에 상응하는 답변을 담았다. 끝으로 면접에서 종종 요구되는 기내 방송문 읽기에 대비하도록 기내 방송문 읽는 요령도 함께 실었다.

긴장되는 면접, 이것만은 명심하자

1. 면접이 치러지는 기간에는 건강관리에 유의한다

수시부터 정시까지 다수의 학교에 지원하는 사람이라면 빡빡한 면접 일정을 소화해야 한다. 서울에서 제주까지 오가며 면접을 치를 지원자도 있을 테고, 하루에 두 개 학교의 면접을 보게 될 수도 있다. 바쁜 일정에 긴장이 더해지면 신체 리듬이 깨지기 쉬운 탓에 중요한 면접을 앞두고 병치레를 하는 지원자가 종종 나온다. 몸 상태는 면접 결과에 영향을 줄 수 있으므로 컨디션 조절에 신경 쓰자.

2. 학생다운 태도(attitude)와 자세(posture)가 중요하다

너무 진한 화장은 학생다움과 거리가 멀다. 산만하거나 경직된 자세 역시 '미래의 승무원'을 품은 인상을 주기 어렵다. 면접에서는 또랑또랑하고 야무진 학생의 모습을 보여 주는 태도가 핵심이며, 이는 지원자의 말투, 답변하는 방식과 내용을 통해 면접관이 충분히 감지할 수 있다. 또한 인사할 때, 서 있을 때, 대기하는 동안 지원자가 취하는 자세는 지원자의 준비 정도, 긴장감을 말해 준다고 보므로 면접관은 이를 결코 놓치지 않는다. 태도와 자세를 기반으로 항공서비스과 입학 후 학과 전체에 긍정적인 영향을 줄 수 있으리라 여겨지는 지원자에게 면접관은 마음이 기울 것이다.

3. '-다', '-까'로 맺는 말투에 익숙해지도록 평소 사용하는 말투를 고쳐 본다

책을 읽는 듯 감정과 느낌 없이 답변을 말하는 지원자의 답변은 들었을 때 집중력이 떨어지며 공감하기 어렵다. 평소 '다' 또는 '까'로 문장을 맺는 학생들은 많지 않기에 면접 시 '…합니다'라는 말투 사용을 어색해 하는 학생들이 정말 많다. 승무원을 목표로 항공서비스과 진학을 꿈꾸는 학생들이라면 평소 말투부터 승무원답게 바꿀 필요가 있다. 힘을 빼고 말투에 표정과 감정이 실린 스피치로 답변을 전달하도록 해야 한다. 리포터의 스피치를 보며 따라 해 보는 것도 좋은 연습이 될 수 있다.

4. 미소 없는 얼굴로는 합격할 수 없다

항공서비스과를 지원하는 학생들 거의 모두에게 면접은 낯설고 힘든 절차일 것이다. 타인, 그것도 처음 보는 사람 앞에서 내 이야기를 해야 하고, 또 이것이 평가 대상이 되는 상황은 충분히 부담스러울 만하다. 하지만 그런 긴장과 어색함을 얼굴에 고스란히 드러낸다면 합격을 손에 넣기는 어렵다. 미소만이 답이다. 치아가 보이는 환한 미소가 최상이겠지만, 그런 미소가 익숙지 않아 잘 지어지지 않고 불편하다면 최대한 입꼬리를 올리는 연습을 하자. 더불어 자신에게 가장 잘 맞는 자연스러운 미소를 찾아 거울을 보며 연습하고, 대망의 면접일에 연습 결과를 제대로 보여 주어야겠다.

5. 예의를 갖춘다

지원 학교의 정문을 들어서는 순간부터 면접을 마치고 학교를 나설 때까지 모든 순간이 면접이라고 생각하자. 복도, 화장실, 면접 대기실에서 만나는 사람 모두에게 예의 바르게 행동하고 인사를 건넨다. 대기실에서는 대개 학교 선배들이 면접 진행을 돕는데, 선배의 진행에 최대한 협조한다. 대기실이나 면접실에서 문서를 전달할 때는 상대가 내용을 읽을 수 있는 방향으로 문서를 건네고, 펜 역시 전달할 때 펜 끝이 상대를 향하지 않도록 주의한다. 바른 수수(授受) 매너를 보여 주는 것은 중요하다. 예의를 아는 지원자만큼 탐나는 존재는 없다.

6. 지원 학과와 지원 학교에 대한 의지와 열정은 합격과 불합격을 가른다

항공서비스과 면접에서 지원자를 평가할 때 주목하는 부분은 학생들의 준비성, 태도, 의지이다. 성실히 준비된 답변, 어피(appearance 면접 복장, 헤어두hair-do, 알맞은 메이크업 등을 아우르는 표현)에 신경 쓴 정도 등은 해당 학교에 대한 지원자의 입학 의지를 엿볼 수 있는 요소가 된다. 따라서 다음 질문에 지원자는 열정을 담아 답할 수 있어야겠다. "왜 우리 학교 항공서비스과에 지원했나요?", "우리 학교에 대해 아는 것을 말해 보세요". 이 같은 질문에 막힘없이 대답하는 지원자라면, 면접관은 이를 통해 지원자의 강한 의지를 볼 것이다.

7. 지원 학교 교육 프로그램과 연계된 진학 계획 답변을 준비한다

단지 항공서비스과가 있는 학교라는 이유로 지원 학교를 정하는 학생이 많다. 학교 교수진으로 구성된 면접관은 그 가운데 '정말로 우리 학교에 들어오고 싶어 하는 사람은 누군지', 또 '승무원 관련 교육을 착실히 따라오고 학교생활을 잘 해낼 이는 누구일지'를 가늠하는 시선으로 지원자들을 보게 될 터다. 따라서 관련 질문에 제대로 된 답을 하는 지원자라면 면접관에게 깊은 인상을 심어 줄 수 있다. 답변은 학교별로 특화된 교육 프로그램과 연결해 진학 후 어떤 목표로 학교생활을 해 나갈 계획인지를 보여 주면 된다. 해당 학교를 향한 진학 의지는 물론, 성실한 학교생활에 대한 예감, 그리고 승무원이라는 목표 달성을 위한 의지가 들어 있는 답변이므로 면접관의 호감을 살 수밖에 없을 것이다

8. 면접 도중의 실수가 당락을 좌우하지 않는다

면접 과정에서 예기치 않은 실수를 하거나, 옆 지원자의 답변이 본인보다 낫다고 생각되기 시작하면 그때부터 태도가 확 바뀌는 지원자가 있다. '난 이제 안 될 거야'라며 스스로에게 낙인을 찍는 이런 행위는 금물이다. 면접관은 지원자의 실수 그 자체를 가늠자로 놓고 지원자의 당락을 결정하지 않는다. 오히려 실수가 나온 뒤 지원자의 실망한 표정이나 포기하는 태도에 영향을 받는다. 그러므로 면접을 치르면서 자신이 어떻게 평가되고 있는지를 평가하는 우를 범해서는 안 된다. **도중에 실수가 나왔더라도 면접이 끝날 때까지 처음의 자신감을 유지하자.**

9. 면접 후 복장에도 신경 쓴다

　면접을 마치고 화장실에서 편한 복장으로 갈아입은 뒤 학교를 나서는 학생들을 종종 본다. 결론부터 말하면, 이런 모습은 좋게 보이지 않는다. 특히 찢어진 청바지나 노출이 심한 옷, 단정하지 못한 평상복 차림은 지원자가 면접실 안에서 보여 준 미래의 승무원에 걸맞은 이미지에 부정적인 영향을 줄 수 있다. 되도록이면 면접 복장으로 학교를 나올 것을 권한다.

면접 시뮬레이션

D day -1

1. 면접 답변에 대한 마무리 정리에 들어간다. 특히 학교별 맞춤 답변이 필요한 아래와 같은 질문에는 해당 학교의 특성과 이념, 교육 방향, 지원 동기 등을 다시금 짚어 보고 답변을 연습한다. 또한 학교에 대한 인상을 답해야 하는 아래 질문에 대비하려면 면접 당일에는 시간 여유를 두고 학교에 도착해, 미리 둘러보는 여유를 갖는 게 좋다.

    • 우리 학교를 방문하고 느낀 점을 말해 보세요.

    • 우리 학교에 대한 첫인상이 어떤가요?

2. 학교별 면접 복장을 확인하고 준비한다. 교복 차림을 선호하는 학교, 흰색 티셔츠나 슬리퍼까지 허용하는 학교 등 다양하다. 이러한 복장 차이에 따라 헤어스타일 또한 포니테일 아니면 올림머리 등으로 바뀌기도 하므로 반드시 확인한다.

3. 면접 시간에 따른 동선과 이동 교통수단을 확인한다. 시간 엄수에서부터 면접이 시작된다는 것을 잊지 말자.

4. 필요한 서류가 있는지 확인하고 준비한다.

5. 스타킹을 착용하는 경우라면 여분의 스타킹과 메이크업 수정 도구를, 그 밖에 면접 답변 정리 노트, 거울, 립글로스, 물티슈, 칫솔, 치약 등 필요한 개인 물품을 챙겨 둔다.

6. 충분한 수면으로 긴장을 조절하는 것으로 면접 전날을 마무리한다. 잠이 들 때까지 면접관 앞에 서 있는 나를 상상해 보는 것도 좋다. 면접에 늦지 않도록 알람을 맞춰 두자.

D day

1. 헤어, 메이크업, 복장을 갖추고 전날 정해 둔 동선에 따라 대중교통을 이용해 학교로 간다.

2. 집을 나서는 순간부터 면접 대기실에 들어설 때까지 예의를 갖추어 행동해야 함을 유념하고 침착하게 대기한다. 해당 학교 선배가 나와 면접실 내 동선, 면접 진행 절차, 인사 방법, 유의 사항 등을 전달할 것이다. 면접 조 안에서 번호에 따른 자신의 역할을 숙지한다(예: '1번 조원이 인사를 진행한다' 등). 키와 몸무게를 측정하고 거울을 보며 최종 어피를 체크한다. 대기하는 동안 예상 질문과 그 답변을 마지막으로 상기해 본다.

3. 면접자로 호명되면 같은 조원끼리 간단히 인사를 나눈 후 면접 인사를 함께 연습해 본다.

4. 입실할 때는 침착하고 단정한 자세로 안내받은 동선대로 걷는다. 다른 조원의 보행 속도에 맞추어 미소 띤 얼굴로 자신감 있게 면접장으로 들어간다.

5. 대기실에서 안내받은 순서에 따라 면접을 본다. 인사 후 바로 자기소개를 하기도 하고 지원자가 본인 자리에 서면 이름과 수험 번호를 말해야 하는 등, 학교에 따라 절차가 다르므로 그에 맞게 따르면 된다.

6. 자신의 자리에서 가능한 한 움직이지 않도록 하며, 시선 처리는 자연스럽게, 얼굴에는 미소를 띠고 면접관을 바라본다. 본인 차례가 오면 대답하되, 타 지원자가 답하는 중일 때는 그 대답을 경청하면서 주의를 흩트리는 움직임을 보이지 않아야 한다.

7. "마지막으로 하고 싶은 말이 있는 지원자가 있습니까?"라는 질문이 나오면 자신 있게 손을 들고 면접을 치르는 동안 제대로 말하지 못한 부분을 추가적으로 설명하면서 의지를 드러내자. 만약 '교내 프로그램과 연계된 자신의 진학 계획과 목표'를 언급할 기회가 없었다면 이에 대한 본인의 답변을 말해도 좋다.

8. 면접 종료를 알리면 면접관에게 인사하고, 나가는 순간까지 자신 감과 미소를 보여 주면서 바른 자세로 동선에 맞추어 퇴실한다.

9. 퇴실 후 면접에 대한 피드백을 큰 소리로 이야기하거나 부정적인 하소연 등은 하지 않는다. 면접실에서 보여 준 것과 다르지 않은 자세와 표정으로 대기실로 이동해, 개인 물품을 챙기고, 면접을 진행한 선배에게 감사 인사를 한다. 사용한 물품에서 쓰레기가 나 온 경우 이를 꼭 처리하고 머문 자리를 정리한 뒤 대기실을 나온 다.

10. 귀가 후에는 반드시 면접 후기를 쓰자. 스스로에게 피드백을 주 는 과정이 된다. 상세한 면접 후기는 미처 깨닫지 못한 실수나 아쉬운 부분을 되짚어 보게 하고, 다음 면접에 보다 개선된 모습 으로 임하게 한다. 더불어 면접 후기를 읽음으로써 당시의 긴장 감을 다시금 느낄 수 있으므로, 다음 면접을 위한 마인드 컨트롤 에도 도움이 되는 중요한 과정이라 하겠다.

면접 후기 체크 리스트

대학교 :

면접 일자 :

항목	내 용	1	2	3	4	5
용모/ 복장 (35점)	전체적인 메이크업이 진하지 않고 자연스럽다					
	피부 표현이 건강하고 자연스럽다					
	입술은 적절한 보습이 되어 있다					
	머리는 잔머리 없이 깔끔하다					
	블라우스, 치마는 구김이 없고 청결하다					
	블라우스, 치마는 신체 결점을 보완해 주고 잘 어울린다 (티셔츠를 제공받은 경우) 티셔츠를 깔끔하게 잘 착용 하였다					
	구두는 잘 닦여 있다 (슬리퍼를 제공받은 경우) 슬리퍼를 깔끔하게 잘 착용 하였다					
미소/ 자세 (25점)	면접 내내 자연스러운 미소를 지었다					
	어깨와 등을 펴고, 시선은 정면을 향하고, 양팔을 옆에 붙인 채 자연스럽게 걸었다					
	인사는 성급하지 않게, 환하게 웃으며 했다					
	면접관 모두와 고르게 시선을 마주쳤다					
	공수자세로 다리는 11자로 잘 붙이고 서 있었다					
답변 (25점)	목소리 톤과 크기, 속도가 전체적으로 알맞았다					
	표준어와 면접에 적합한 어휘를 사용했다					
	정확한 질문 이해와 그에 맞는 명료한 답변을 했다					
	말끝을 흐리지 않고 또박또박 끝까지 말했다					
	답변 시 표정 관리에 신경 썼다					
준비성 (15점)	면접 한 시간 전에 도착해 학교에 대한 인상을 묻는 질 문에 대한 답변을 생각해 보았다					
	면접 대상 학교에 해당되는 질문을 따로 준비했다					
	(영어 지문을 읽는 경우) 영어 지문을 연습해 두었다					
총점 (100점 만점)						

점수 기준 : 아주 잘함(5), 잘함(4), 보통(3), 못함(2), 아주 못함(1)

면접 후기

면접관 질문

나의 답변

인상적이었던 타 지원자의 답변

면접에서 만족한 점

면접에서 불만족한 점

추후 보완해야 할 점

나의 면접 평가 점수

필수 질문 10

Unit 3

　출제 빈도가 가장 높은 주요 질문 열 개를 골라 한국어와 영어 답변을 각각 실었다. 한국어를 그대로 영어로 옮기는 데 어려움을 느끼는 대다수 학생들을 고려해 영어 답변을 보다 간단한 표현 방식으로 만든 점에 유념한다.

1. 자기소개를 해 주세요.

　자기소개는 첫 번째 공통 질문으로 나올 확률이 매우 높다. 답변은 1분 내외로 하는 것이 적당하며, 그 안에 본인의 자질을 제대로 드러낼 수 있도록 예비 승무원으로서의 모습 또는 예비 항공서비스과 학생으로서 손색없는 자신의 장점을 언급한 후, 이를 뒷받침할 과거 경험을 덧붙인다. 학업 외 활동이나 경험이 많은 사람은 자신의 장점과 관련된 사례를 찾는 일이 어렵지 않을 것이나, 그렇지 않은 경우라면 자신의 평소 생활이나 학교생활 속에서 언급한 자질에 맞는 사례를 드는 것도 좋은 방법이다.

🔍 **더 들여다보기** 승무원에게 필요한 자질

근면, 성실, 적극성, 리더십, 봉사 정신, 창의력, 꼼꼼함, 배려심, 문제 해결 능력, 시간관념, 체력, 긍정적인 마음가짐, 활발함, 친화력, 적응력, 커뮤니케이션 스킬, 자기계발 의지, 목표 의식, 참을성, 끈기, 포용력, 이해심, 언어 능력(외국어), 센스, 통찰력, 기억력, 팀워크, 융통성, 책임감, 규범을 잘 지키는, 서비스 마인드, 도전 정신

가. 일반적인 자기소개

합격비법 1 나를 비유하는 단어나 별명을 든 후 이와 관련된 자신의 장점 설명

합격비법 2 장점을 보여 준 사례

합격비법 3 지원 의지

 ### 코코아에 비유하며 따뜻한 성격 강조

합격비법 1 저는 추운 겨울이면 생각나는 따뜻한 '코코아' 같은 사람입니다. 잔에 담긴 코코아가 차가운 손을 녹이듯 저 역시 그처럼 따뜻한 마음을 지닌 사람입니다.

합격비법 2 저는 정기적으로 봉사 활동을 다니며 큰 금액은 아니지만 매월 용돈을 모아 자선 단체에 일정액을 후원하고 있습니다. 어려움을 겪는 아이들이 나오는 후원 단체의 영상을 TV에서 볼 때마다 마음이 너무 아픕니다. 불치병 어린이를 돕는 캠페인에 참여할 때는 주변 친구들에게도 안타까운 사연을 알려 많은 친구들을 동참하게 했습니다.

합격비법 3 승무원이 되어 이러한 저의 봉사 정신을 승객들께 전하고 싶습니다. ○○대학교 항공서비스과에서 교수님의 가르침을 받아 더욱 성장해 목표한 승무원이 되고 싶습니다.

 ### 쿼카에 비유해 긍정적인 태도 강조

합격비법 1 학교에서 언제나 웃는 얼굴을 하는 '쿼카'라는 동물에 대해 배운 적이 있는데 이후 친구들이 저를 쿼카라고 부릅니다. 동그란 눈에 올라간 입꼬리를 한 귀여운 이 동물과 제가 닮았다는 이유에서입니다.

합격비법 2 학교 홍보 촬영을 하던 때도 친구들의 적극적인 지지를 업고 모델로 선발되었습니다. 촬영 당시 기술적인 문제 때문에 뜻밖의 어려움을 겪었지만 불평 없이 최선을 다하는 제 모습을 본 촬영 관계자도 책임감 있는 학생이라고 저를 칭찬하셨습니다.

합격비법 3 저는 승무원이 되기에 걸맞은 늘 웃는 얼굴과 책임감을 지녔다고 생각합니다. 이곳 ○○대학교에서 더욱 승무원다운 모습으로 발전하고 싶습니다.

나. PR식 자기소개

합격비법 1 기억에 남을 만한 첫 문장을 말한 후 이와 연결해 자신의 장점 강조

합격비법 2 장점을 보여 준 사례

합격비법 3 지원 의지

더 들여다보기 PR식 자기소개에서 사용할 수 있는 명언과 경구

- 밝은 성격은 어떤 재산보다 귀하다. (앤드류 카네기)
- 모든 운은 계획에서 비롯된다. (브랜치 리키)
- '할 수 있다'고 말하다 보면 결국 실천하게 된다. (사이먼 쿠퍼)
- 해야 함은 할 수 있음을 함축한다. (칸트)
- 愚公移山(우공이산). '우공이 산을 옮기다' 즉 어떤 일이든 끊임없이 노력하면 반드시 이루어진다.
- 磨斧作針(마부작침). '도끼를 갈아 바늘을 만든다'는 뜻으로 아무리 어려운 일이라도 꾸준히 노력하면 이룰 수 있다는 말.
- Seize the day. 그날을/현재를 잡아라.
- If you laugh, blessings will come your way. 웃으면 복이 온다.
- Practice makes perfect. 훈련이 완벽을 만든다.

원대한 꿈과 더불어 꾸준히 노력하는 모습

합격비법 1 '꿈은 크게 가져라. 그래야 깨져도 조각이 크다'는 말이 있습니다. 제 꿈은 승무원이 되어 훗날 이곳 ○○대학교에서 여기 훌륭한 교수님들처럼 되는 것입니다. 이러한 꿈을 이루고자 매 순간 노력하는 ○○○입니다.

합격비법 2 저의 노력은 아침에 일어나 자기 전까지 계속됩니다. 승무원 언니들의 곧은 자세와 편안한 미소를 닮고자 매일 기상 후 스트레칭과 거울 앞에 서서 기분 좋은 미소를 짓는 것으로 하루를 시작합니다. 평소 자주 만나는 버스 운전기사님이나 도서관 청소하시는 분에게 저는 늘 인사를 건넵니다. 친구들과도 바른 말을 쓰려고 노력하며, 취침 전 그날 하루를 반성하는 시간을 가지며 마무리합니다.

합격비법 3 이렇게 조금씩 쌓인 작은 노력이 제 꿈을 이루는 기반이 될 수 있다고 믿습니다. 그 첫 번째 꿈의 결실이 바로 ○○대학교에 입학하는 것입니다. 저의 노력하는 기운이 널리 퍼져 최다 승무원 합격 학번으로 남게 되기를 바라 봅니다.

 ## 서비스 경험 강조

합격비법 1 '서비스업에서 가장 중요한 것은 서비스하는 사람의 역량이다.' 10년 넘게 식당을 운영하시는 부모님이 항상 하시는 말씀입니다. 부모님을 도우며 자연스럽게 10년 이상의 서비스 경험을 갖게 된 저는 서비스 전달자의 마음가짐이 중요하다는 것을 몸소 깨달아 왔습니다.

합격비법 2 식당에서 부모님을 돕다 보면 다양한 손님을 만나게 됩니다.

처음에는 불평하는 손님이 무섭고 싫을 뿐이었지만, 시간이 흐르면서 그런 불만은 우리 식당 서비스를 개선할 수 있는 중요한 의견임을 깨닫게 되었고, 제가 마음을 다해 친절히 응대하는 만큼 손님들의 만족감도 커지는 것을 알 수 있었습니다.

합격비법 3 이런 저의 서비스 경험에 ○○대학교 항공서비스과에서 배울 지식이 더해진다면 승무원이 되는 최상의 조건을 갖추는 것이 아닐까 생각합니다. 언제나 노력하고 배우는 자세로 임하겠습니다.

Could you tell me about yourself?

합격비법 1 이름 말하기

합격비법 2 장점 들기

합격비법 3 장점을 보여 준 사례(학교생활이나 특별 활동 사례) 설명

합격비법 4 지원 학교에 대한 입학 의지

합격비법 1 이름 말하기

1) 제 이름은 _____입니다.

　　My name is _____.

2) 저는 _____입니다.

　　I am _____.

합격비법 2 장점 들기

1) 저는 _____한 사람입니다.

　　I am _____.

2) 저는 _____(어떠한 장점을) 가지고 있습니다.

　　I have _____.

합격비법 3 장점을 보여 준 사례(학교생활이나 특별 활동 사례) 설명

1) 저는 _____이었습니다.

　　I was _____.

2) 저는 _____를 한 경험이 있습니다.

　　I have _____experience.

지원 학교에 대한 입학 의지

1) 제 성격을 발휘하여 _____하고 싶습니다.

With showing my personality, I want to _____.

2) 이러한 제 성격을 바탕으로 저는 _____이라고 확신합니다.

With my personality like this, I am sure that I am _____.

내 답변에 골라 쓰는 문장

- 제 이름은 나합격입니다.
  My name is HabGyuk Nah.

- 저는 최창공입니다.
  I am Chang-gong Choi.

- 저는 활발한 사람입니다.
  I am an outgoing person.

- 저는 적응력이 강한 사람입니다.
  I am an adaptable person.

- 저는 책임감이 강합니다.
  I have a strong sense of responsibility.

- 저는 기억력이 좋습니다.
  I have a good memory.

- 저는 도전 정신이 강합니다.
  I have a strong sense of challenge.

- 저는 공모전에서 리더를 맡았습니다.
  I was a leader in the contest.

- 저는 방송부 아나운서였습니다.

  I was an announcer at the broadcasting station.

- 저는 도서관 사서 도우미(보조)를 한 경험이 있습니다.

  I have a librarian assistant experience.

- 제 성격을 발휘해 이 학교에 입학하고 싶습니다.

  With showing my personality, I want to enter this college.

- 이러한 제 성격을 기반으로 저는 제가 이 대학에서 찾는 학생이라고 확신합니다.

  With my personality like this, I am sure that I am the student that your college is looking for.

 활발한 성격 강조

합격비법 1 제 이름은 나합격입니다.

합격비법 2 저는 활발한 사람입니다.

합격비법 3 저는 학교 방송부 아나운서로 활동하며 매 점심시간 제 방송을 통해 친구들의 식사 시간을 더욱 즐겁게 만들었습니다. 또 학교 행사 때마다 진행을 맡았기에 많은 사람 앞에서 말하는 데 자신 있습니다. 보통 주저하는 학생들이 많은 발표 수업에서도 큰 목소리로 자신감 있게 발표하는 제 모습을 선생님께 칭찬받기도 했습니다.

합격비법 4 이러한 저의 성격으로 이 학교에서 모범이 되는 학생이 되고자 합니다.

`합격비법 1` My name is HabGyuk Nah.

`합격비법 2` I am an outgoing person.

`합격비법 3` I was an announcer at the school broadcasting station. Every lunch time at the school, I made my friends' meal time more enjoyable through my broadcast. Also, I am confident in attending every school event and in speaking in front of many people. My teacher highly praised me for giving a confident speech in a loud voice even though most of the students are hesitant to make it.

`합격비법 4` With my personality like this, I will become a model student for your university.

 책임감이 강한 성격 강조

`합격비법 1` 제 이름은 최창공입니다.

`합격비법 2` 저는 책임감이 강합니다.

`합격비법 3` 저는 학교 도서관에서 사서 도우미로 일한 경험이 있습니다. 선생님으로부터 도서 정리를 잘한다고 칭찬을 받았으며, 특히 제가 돕는 날에는 도서관이 항상 깨끗이 정리되어 있다고, 그 누구도 치우지 않던 쓰레기통마저 깨끗하다며 기뻐하셨습니다.

`합격비법 4` 제 성격을 발휘하여, ○○대학교에 입학해 꼭 승무원이 되고 싶습니다.

합격비법 1 My name is Chang-gong Choi.

합격비법 2 I have a strong sense of responsibility.

합격비법 3 I have a librarian assistant experience in the school library. My teacher praised me for organizing the books well. Especially, he was glad that the library was always clean and the trash can which no one had cleaned ever was also wiped out.

합격비법 4 With showing my personality, I want to enter this ○○ college and to become cabin crew.

활용 단어

- 성격 personality
- 외모 appearance
- 야망 ambition
- 재능이 있는 talented
- 적합한 suitable
- 필요한 necessary
- 건강한 정신과 육체 healthy mind and body
- 누가 뭐래도 no matter what people say
- …하도록 동기부여 되다 be motivated to …
- 긍정적인 에너지를 전파하다 spread positive energy

- 소개하다 introduce
- 믿다, 여기다 believe
- 성취하다 achieve
- 만족하다 be satisfied
- 묘사하다 describe

2. 취미는 무엇입니까?

취미를 묻는 질문에는 평소 자신이 즐겨 하는 것을 간단한 표현으로 답한다. 활발하고 친근한 성격을 드러낼 수 있는 취미라면 금상첨화.

항공서비스과에 어울릴 만한 취미 선정하기
1. 평소 즐겨 하는 취미 활동 중에서 고른다. 꾸며 낸 취미는 결국 들통 나기 마련.
2. 그 가운데 정적이거나 혼자 즐기는 활동보다는 동적이면서 여럿이 함께 하는 취미를 택한다.
3. 수영, 배드민턴 치기 등 운동과 관련된 취미는 체력과 연결되며, 요리나 베이킹처럼 뭔가를 만드는 취미는 타인과 나눌 줄 아는 배려심을 강조할 수 있다.

🔍 더 들여다보기   나의 취미는?
사진 찍기, (맛집 탐방, 영어 시사, 사진 등을 주제로 하는) 블로그 활동, 요리, 독서 모임, 미술관 가기, 줄넘기, 네일아트, 종이접기, 요가, 배드민턴, 탁구, 테니스, 피아노 연주, 플루트 연주, 발레, 가죽공예, 캘리그라피, 수예나 재봉, 풍선 아트, 캐리커처 그리기 등

합격비법 1   취미 말하기
합격비법 2   취미에 대한 간략한 설명
합격비법 3   취미로 인한 긍정적인 효과

요리

합격비법 1 맛있는 음식을 만드는 요리가 제 취미가 되었습니다.

합격비법 2 어머니께서 일을 하시느라 바쁜 날이 많았고, 그래서 일상적으로 식사 준비를 돕는 와중에 제가 요리에 흥미가 있음을 알게 되었습니다. 이후 종종 저만의 레시피로 부모님께 요리를 만들어 드리고 있습니다.

합격비법 3 제 요리를 맛본 사람들이 맛있다고 할 때마다 저는 굉장한 만족과 뿌듯함을 느낍니다. 특히 친구 생일에는 친구가 좋아하는 과일을 얹은 케이크를 만들어 선물하기도 하는데, 그럴 때면 모두들 정말 좋아합니다. 요리는 저와 상대를 더불어 행복하게 만드는 취미라고 생각합니다.

 종이접기

합격비법 1 최근 보육원 봉사 활동을 통해 알게 된 종이접기가 제 취미가 되었습니다.

합격비법 2 종이접기 하면 단순히 비행기 정도 만드는 것이라 여겼는데, 종이접기협회에서 봉사 온 분을 통해 종이를 접는 방법에는 거의 한계가 없다는 것을 알고 무척 놀랐습니다. 지금은 시간이 나면 종이접기 강의를 들으러 가고, 공룡이나 공 같은 아이들이 좋아할 만한 종이접기도 쉽게 할 수 있습니다.

합격비법 3 함께 강의 듣는 분들과 모임을 만들어 보다 다양한 종이접기를 개발하기도 하고, 다 같이 보육원 봉사 활동도 다닙니다. 아이들에게 인기 있는 종이접기 장난감을 만들면서 제 취미가 누군가에게 행복을 전할 수 있다는 사실에 뿌듯함을 느낍니다.

What is your hobby?

취미 말하기

취미에 대한 간략한 설명

취미로 인한 긍정적인 효과

취미 말하기

1) 저의 취미는 _____입니다.

   My hobby is _____.

2) 저는 _____을/를 좋아합니다.

   I like _____.

취미에 대한 간략한 설명

1) 그것은 저를 _____하게 만들어 줍니다.

   It makes me _____.

2) 저는 _____할 수 있습니다.

   I can _____.

취미로 인한 긍정적인 효과

1) 그것은 저를 _____하도록 도와줍니다.

   It helps me to _____.

2) 제가 _____하면, _____한 기분이 듭니다.

   When I _____, I feel _____.

내 답변에 골라 쓰는 문장

- 저의 취미는 테니스 치기입니다.
  My hobby is playing tennis.

- 저의 취미는 캐리커처 그리기입니다.
  My hobby is drawing caricatures.

- 저는 친구들과 노래방에서 노래 부르는 것을 좋아합니다.
  I like singing songs with friends at the singing room.

- 저는 친구에게 네일아트 해 주는 것을 좋아합니다.
  I like to give nail art service to my friends.

- 그것을 하면 기분이 좋아집니다.
  It makes me feel good.

- 친구와 함께 테니스를 치면 몸이 가뿐해집니다.
  Playing tennis with my friend makes me feel lighter.

- 평소 좋아하는 노래를 큰 소리로 부릅니다.
  I can sing my favorite songs with a loud voice.

- 요가를 하면서 체중 조절도 할 수 있습니다.
  I can control my weight while doing yoga.

- 덕분에 저는 더욱 긍정적이고 열정적인 성격이 되었습니다.
  It helped me to become more positive and energetic.

- 그것은 저를 더욱 건강해지도록 도와줍니다.
  It helps me to be much healthier.

- 기뻐하는 친구들을 보면 보람을 느낍니다.
  When I see my friends happy, I also feel rewarded.

• 그림 한 장을 완성하면, 큰 성취감을 느낍니다.

  When I finish a drawing, I feel a great sense of accomplishment.

 테니스를 친다

합격비법 1 저의 취미는 테니스 치기입니다.

합격비법 2 친구와 함께 테니스를 치면 몸이 가뿐해집니다.

합격비법 3 덕분에 저는 더욱 긍정적이고 열정적인 성격이 되었습니다.

합격비법 1 My hobby is playing tennis.

합격비법 2 Playing tennis with my friend makes me feel lighter.

합격비법 3 It helped me to become more positive and energetic.

 노래방에 간다

합격비법 1 저는 친구들과 노래방에서 노래 부르는 것을 좋아합니다.

합격비법 2 평소 좋아하는 노래를 큰 소리로 부릅니다.

합격비법 3 이는 스트레스를 해소하는 데 도움을 줍니다.

합격비법 1 I like singing songs with friends at the singing room.

합격비법 2 I can sing my favorite songs with a loud voice.

합격비법 3 It helps me to relieve stress.

- 운동 work out
- 줄넘기 하다 jump rope
- 요가를 하다 do yoga
- 등산하다 climb up the mountain
- 테니스 치다 play tennis
- 댄스 수업을 받다 take a dance class
- 독서 모임에 참여하다 attend a book club
- 영화를 보러 가다 go to the movies
- 미술관에 가다 visit art gallery
- 가죽공예 leather craft
- 사진 찍다 take a picture/photo
- 블로그에 사진을 올리다 upload pictures up on blog
- 함께하는 것을 즐기다 enjoy being with others

3. 장점은 무엇입니까?

승무원이 되기에 적합한 성향과 관련된 장점을 말한다. 주변 사람, 친구들에게서 '너는 …하더라'라는 긍정적인 평가를 받은 사례나 칭찬받은 경험을 떠올리자.

🔍 **더 들여다보기** 나의 장점을 보여 준 사례는?

어려움에 처한 친구를 도운 일, 타인을 위해 손해를 감수한 일, 학교생활(수업 시간, 상담 시간, 특별 활동 시간, 체육 대회, 축제, 봉사 활동, 동아리 활동, 자습 시간 등)에서 나의 장점이 발휘된 일, 나의 장점이 상대를 기분 좋게 만든 일, 칭찬받은 일, 장점 덕분에 얻은 특별한 별명 등

합격비법 1 장점 말하기
합격비법 2 장점을 보여 준 사례 들기
합격비법 3 장점이 항공서비스과 공부 · 승무원 업무와 연결될 수 있음을 강조하며 마무리

 적응력

합격비법 1 저는 적응력이 뛰어납니다.
합격비법 2 중학교 입학 후 지금까지 6년 동안 걸스카우트 대원으로 활동했습니다. 정기적인 농촌 봉사 활동에서는 참가 인원이 예상보다 적을 때도 그 상황에 맞춰 활동에 차질이 없도록 리더와 협의해 어려움을 이겨 냈습니다. 20개국 6천여 명이 모인 국제 캠프 참가 때는 제 특유의 적응력을 발휘해 다양한 국적의 대원들과 뜻 깊은 추억과 우정을 쌓았습

니다.

합격비법 3 어떤 상황에서든, 어떤 사람과도 벽을 만들지 않는 제 모습에서 미래의 승무원 자질을 볼 수 있다고 생각합니다.

 의사소통 능력

합격비법 1 저는 의사소통 능력이 뛰어납니다.

합격비법 2 국제 봉사 활동을 하다 만난 태국인 봉사자와의 어색했던 순간이 기억납니다. 물놀이를 잔뜩 기대한 제가 태국의 더운 날씨가 정말 좋다며 그 태국인에게 태국에는 hot, hotter, hottest 이렇게 3계절이 있다는데 정말 그러냐고 물으니 그 친구가 크게 웃었고, 그렇게 날씨 이야기로 대화를 시작할 수 있었습니다. 저만의 유머로 그에게 좋은 인상을 남겼고 지금껏 연락하며 친한 친구로 지내고 있습니다.

합격비법 3 승무원을 희망하는 항공서비스과 학생이라면 이런 의사소통 능력은 반드시 갖추어야 한다고 생각합니다.

What is your strong point?

합격비법 1 장점 말하기

합격비법 2 장점을 보여 준 사례 들기

합격비법 3 장점이 항공서비스과 공부 · 승무원 업무와 연결될 수 있음을 강조하며 마무리

합격비법 1 장점 말하기

1) 저는 _____한 사람입니다.

I am a person with _____.

합격비법 2 장점을 보여 준 사례 들기

1) 친구들은 제가 _____하다고 종종 이야기합니다.

My friends often tell me that _____.

2) 저는 항상 _____하려고 노력합니다.

I always try to _____.

합격비법 3 장점이 항공서비스과 공부 · 승무원 업무와 연결될 수 있음을 강조하며 마무리

1) 저는 _____이 되고 싶습니다.

I want to become _____.

내 답변에 골라 쓰는 문장

- 저는 항상 긍정적인 에너지가 가득합니다.

  I am a person with positive energy.

- 저는 친절한 사람입니다.

  I am a kind person.

- 저는 사회 봉사 정신이 강한 사람입니다.

  I am a person with a strong sense of community service.

- 저의 밝은 목소리와 긍정적인 마음가짐이 친구들을 기분 좋게 한다는 이야기를 자주 듣습니다.

  My friends often tell me that I make others happy with my bright voice and positive mind.

- 친구들은 제가 이야기를 잘 들어 주는 사람이라고 종종 이야기합니다.

  My friends often tell me that I am a good listener.

- 선생님과 친구들을 항상 도우려 노력합니다. 인사를 잘한다는 칭찬도 자주 듣습니다.

  I always try to help my teacher and friends. Also I often get a compliment on greetings.

- 저는 늘 최선의 방법을 찾으려 애씁니다.

  I always try to find the best way.

- 저는 전문적인 서비스 제공자가 되고 싶습니다.

  I want to become a professional service provider.

- 제 성격과 더불어 ○○대학교에 입학해 꼭 승무원이 되고 싶습니다.

  With showing my personality, I want to enter this ○○ college and become cabin crew.

긍정적인 에너지

합격비법 1 저는 항상 긍정적인 에너지가 가득합니다.

합격비법 2 저의 밝은 목소리와 긍정적인 마음가짐이 친구들을 기분 좋게 한다는 이야기를 자주 듣습니다. 그래서인지 제 주변에는 늘 친구가 많습니다. 레스토랑에서 아르바이트 하던 당시에도 사장님이 저의 밝은 에너지를 칭찬하며 고등학교 졸업 후에도 계속 일하라고 제의하시기도 했습니다.

합격비법 3 제 성격과 더불어 ○○대학교에 입학해 꼭 승무원이 되고 싶습니다.

합격비법 1 I am a person with positive energy.

합격비법 2 My friends often tell me that I make others happy with my bright voice and positive mind. So there are always many friends around me. When I worked at a restaurant, my boss complimented my positive energy and offered me a part-time job even after my high school graduation.

합격비법 3 With showing my personality, I want to enter this ○○ college and become cabin crew.

 친절함

합격비법 1 저는 친절한 사람입니다.

합격비법 2 선생님과 친구들을 항상 도우려 노력합니다. 인사를 잘한다는 칭찬도 자주 듣습니다. 설문 조사 아르바이트를 하던 때도 제 상냥한 부탁의 말 때문에 조사에 응하게 되었다고 말하는 분들이 많았습니다.

합격비법3 이런 제 성격과 더불어 이 학교에서 모범이 되는 학생이 되고 싶습니다.

합격비법1 I am a kind person.

합격비법2 I always try to help my teacher and friends. Also I often get a compliment on greetings. When I was working as a part-time in survey, many people told me that my kind request made them participate in the survey.

합격비법3 With this kind of my personality, I will become a model student for your university.

활용 단어

- 긍정적인 positive
- 쾌활한 cheerful
- 외향적인 outgoing
- 사교적인 sociable
- 적응력이 좋은 adaptable
- 활동적인 태도 active attitude
- 사려 깊은 considerate
- 문제해결능력 problem-solving skill
- 효과적으로 시간을 관리하는 능력 ability to manage time effectively
- 결단력 있는 decisive
- 헌신적인 dedicated
- 참을성 있는 patient
- 근면한 diligence
- 열정이 넘치는 enthusiastic
- 열린 마음을 가진 open-minded
- 시간 엄수 punctuality

4. 단점은 무엇입니까?

단점을 솔직하고 간략히 말하되 승무원이 되는 데 큰 결격 사유로 여겨질 만한 것은 피하는 게 현명하겠다. '가끔'(sometimes)이나 '…하는 경향이 있다'(tend to)는 표현으로 단점을 도드라지지 않게 만들 필요가 있으며, 단점을 보완하려는 평소의 노력을 덧붙여 긍정적인 방향으로 마무리한다.

🔍 더 들여다보기 나의 단점은?

집중하기까지 시간이 다소 걸리는 편, 종종 상대의 의견에 민감하게 반응, 급한 성격이 나올 때가 있음, 걱정이 많은 편, 둘 이상의 일을 동시에 처리하는 데 서툶, 청결에 다소간 신경이 쓰임, 부탁을 거절하는 것을 어려워함, 결정을 내리는 데 시간이 걸리는 편, 가족보다 타인을 먼저 챙기는 편

`합격비법 1` 단점 말하기
`합격비법 2` 단점에 대한 간략한 설명
`합격비법 3` 단점을 극복 또는 보완하려는 노력의 예

 집중하기까지 시간이 걸리는 편

`합격비법 1` 제 단점이라면 뭔가에 집중하기까지 시간이 다소 걸리는 점입니다.
`합격비법 2` 머릿속에 있는 많은 생각들이 종종 집중에 방해가 되는 것 같습니다.

`합격비법 3` 이런 복잡한 마음을 정리하기 위해 다이어리에 일과를 정리하거나 메모장에 생각을 써서 정리하는 것으로 단점을 보완하려 하고 있으며 다행히 도움이 되고 있습니다.

 상대방의 의견에 민감한 편

`합격비법 1` 저는 때때로 상대의 의견에 민감하게 반응합니다.

`합격비법 2` 제 행동이나 말에 대해 상대방이 어떻게 생각할지 고민하거나 눈치를 보기도 합니다.

`합격비법 3` 최근 『상대방을 사로잡는 대화의 기술』이라는 책을 읽었는데, 그 책에서 이런 고민에 대해 상당 부분 도움을 받았습니다. 상대의 의견에 일일이 신경 쓰기보다 먼저 제 표현 방식부터 신경 쓰는 것이 옳다는 결론을 얻었습니다. 이후 제 단점을 보완하는 데 도움이 되고 있습니다.

What is your weak point?

합격비법 1 단점 말하기

합격비법 2 단점에 대한 간략한 설명

합격비법 3 단점을 극복 또는 보완하려는 노력의 예

합격비법 1 단점 말하기

1) 저는 때때로 _____ 합니다.

   Sometimes I _____ .

2) 저는 _____ 하는 경향이 있습니다.

   I tend to _____ .

합격비법 2 단점에 대한 간략한 설명

1) 저는 _____ 을(…에 대해) 많이 걱정합니다.

   I worry so much about _____ .

2) 그것은 시간이 _____ 걸립니다.

   It takes _____ .

합격비법 3 단점을 보완하려 노력하는 예

1) 이러한 단점을 극복하기 위해 저는 _____ 합니다.

   To overcome my weakness, I _____ .

2) 저는 _____ 을 최소화하려고 노력합니다.

   I try to minimize _____ .

내 답변에 골라 쓰는 문장

- 저는 때때로 급한 성격이 나오는 것이 단점입니다.
  Sometimes I have a short temper.

- 때때로 저는 청결에 민감하게 반응합니다.
  Sometimes I am sensitive to cleanliness.

- 저는 결정을 내리기 전 걱정을 많이 하는 경향이 있습니다.
  I tend to be overly concerned when I make a decision.

- 저는 해야할 일이 많을 때 가족에게 다소 소홀해지는 편입니다.
  I tend to think somewhat less of my family when I have many things to do.

- 저는 타인으로부터 부정적인 피드백(반응)을 받는 것에 대해 많은 걱정을 합니다.
  I worry so much about receiving negative feedback from others.

- 저는 걱정이 많기에 뭔가를 결정하기까지 시간이 오래 걸립니다.
  I worry so much that it takes long time to decide.

- 저는 친구들보다 일을 빨리 끝내지만 완성도가 떨어질 때도 있습니다.
  I work faster than my friends, but sometimes I don't get it done right.

- 저는 기한(마감일)이 정해진 일을 더 잘합니다.
  I work better with a deadline.

- 일을 완벽하게 하려고 너무 많은 시간을 들입니다.
  It takes too long to get the job done right.

- 그 일에 대략 세 시간이 걸립니다.

It takes about 3 hours.

- 이런 단점을 극복하고자 일을 단계별로 처리하고 실수하지 않으려 노력
합니다.
To overcome my weakness, I try to work step by step and not
to make any mistakes.

- 선택 범위를 최소화하려고 합니다.
I try to minimize the choices I could make.

- 저는 걱정을 최소화하려고 노력합니다.
I try to minimize any worries about my work.

 급한 성격

합격비법 1 저는 때때로 급한 성격이 나오는 것이 단점입니다.

합격비법 2 다른 친구들보다 일은 빨리 하지만 완성도가 떨어질 때도 있습
니다.

합격비법 3 이런 단점을 극복하고자 일을 단계별로 처리하고 실수하지 않
으려 노력합니다.

합격비법 1 Sometimes I have a short temper.

합격비법 2 I work faster than my friends, but sometimes I don't get
it done right.

합격비법 3 To overcome my weakness, I try to work step by step
and not to make any mistakes.

결정을 내리기 전 걱정이 많음

합격비법 1 저는 결정을 내리기 전 걱정을 많이 하는 경향이 있습니다.

합격비법 1 걱정이 많기 때문에 뭔가를 결정하기까지 시간이 오래 걸립니다.

합격비법 3 저는 걱정을 최소화하려고 노력합니다.

합격비법 1 I tend to be overly concerned when I make a decision.

합격비법 2 I worry so much that it takes long time to decide.

합격비법 3 I try to minimize any worries about my work.

활용 단어

- 산만한 distracted
- 태평한, 느긋한 easygoing
- 참을성이 없는 impatient
- 내성적인 introverted
- 민감한, 세심한 sensitive
- 완벽주의 perfectionism
- 다소 어색한 순간을 가지다 have some awkward moments
- …에 대해 자신이 없다/덜하다 less confident about…
- 내 의견을 분명하게 표현하다 express my opinion clearly
- 실수를 줄이다 reduce mistakes
- 이것을 극복하기 위해서 to overcome this
- 더 나은 결과를 얻다 achieve better results

- 수다스러운 talkative
- 걱정하다 worry
- 갈등 conflict
- 어려움 difficulty
- 개선 improvement

5. 가족을 소개해 주세요.

가족 구성원을 한 명씩 소개하기보다 가족의 전체적인 분위기나 성향을 표현하면 된다. 물론 긍정적인 내용으로 구성한다. 그러한 가족의 일원으로서 지원자가 어떤 영향을 받고 자랐을지 짐작해 볼 수 있기 때문이다.

🔍 더 들여다보기   우리 가족의 분위기는?

엄격한 경제관념으로 일찍부터 독립심을 일깨운 부모님, 반려동물을 아끼는 부모님의 영향으로 자연스레 생명의 존엄성을 배움, 주말마다 트래킹을 즐기는 부모님과 함께 하며 건강한 체력과 강인한 정신력을 배양, 사교적인 부모님의 영향으로 친구들을 자주 집으로 초대하고 처음 본 사람과도 스스럼없이 대화하는 성향, 외국인 동료와 일하는 아버지에게서 배운 글로벌 매너 등

합격비법 1 가족 수와 구성원 말하기
합격비법 2 가족의 분위기나 성향 설명
합격비법 3 '합격비법2'에 내용 더하기

   함께 테니스를 치는 가족

합격비법 1 저희 가족은 부모님과 저, 이렇게 세 명입니다.

합격비법 2 저희 가족은 테니스라는 같은 취미를 가졌습니다. 취미가 같아 함께 하는 시간도 많습니다. 올림픽 시즌이 되면 각자 응원하는 나라가 다르다 보니 경기를 보는 내내 서로 견제하고 시끌벅적해지고, 그래서 더욱 흥미진진한 분위기가 됩니다.

합격비법 3 시간이 나면 다 같이 테니스를 치러 가고 많은 대화를 나눕니다.

 ## 취향이 비슷한 가족

합격비법 1 주말 저녁, 다 같이 〈복면가왕〉을 즐겨 보는 저희 가족은 부모님과 두 여동생을 포함해 다섯 명입니다.

합격비법 2 이른 나이에 결혼해 젊은 취향을 가진 부모님입니다. 그래서 저희와 함께 콘서트에 가시기도 하는데, 저나 여동생보다 더 즐거워하십니다.

합격비법 3 간혹 저보다도 요즘 노래를 잘 따라 하시는 부모님을 보며 놀라기도 하는데, 그런 부모님이 저는 참 좋습니다.

Tell me about your family.

합격비법 1 가족 수와 구성원 말하기

합격비법 2 가족의 분위기나 성향 설명

합격비법 3 '합격비법2'에 내용 더하기

합격비법 1 가족 수와 구성원 말하기

1) 저희 가족은 ＿＿＿＿＿＿＿명입니다.

　　There are ＿＿＿＿＿＿＿ in my family.

2) 저는 ＿＿＿＿＿＿＿와 살고 있습니다.

　　I live with ＿＿＿＿＿＿＿＿＿＿＿＿＿＿.

합격비법 2 가족의 분위기나 성향 설명

1) 우리는 ＿＿＿＿＿＿＿한 가족입니다.

　　We are ＿＿＿＿＿＿＿ family.

합격비법 3 '합격비법2'에 내용 더하기

1) 우리는 ＿＿＿＿＿＿＿하러 갑니다.

　　We go ＿＿＿＿＿＿＿ing.

2) 우리는 ＿＿＿＿＿＿＿하는 것을 즐깁니다.

　　We enjoy ＿＿＿＿＿＿＿ing.

내 답변에 골라 쓰는 문장

- 저희 가족은 아버지, 어머니, 저 그리고 여동생 이렇게 네 명입니다.
  There are 4 in my family, my father, mother, sister and me.

- 저는 할머니, 부모님, 형과 살고 있습니다.
  I live with my grandmother, my parents, and my brother.

- 저는 부모님, 쌍둥이 동생과 살고 있습니다.
  I live with my parents and my twin sister.

- 저희는 항상 웃음이 넘치는 가족입니다.
  We are always full of laughter.

- 우리는 엄격한 경제관념을 지닌 가족입니다.
  We are a family of strict economic belief.

- 주말마다 온 가족이 함께 등산을 가고 건강에 좋은 음식을 먹습니다.
  Every weekend, the whole family goes hiking and eats healthy food.

- 아침 식사는 늘 같이 하려 애쓰고, 식사를 하며 나누는 대화를 즐깁니다.
  We always try to have breakfast together and enjoy talking over meals.

- 우리는 종종 낚시하러 갑니다.
  We often go fishing.

- 우리는 스크린 골프장에 가는 것을 즐깁니다.
  We enjoy going to the screen golf club.

- 우리는 산 정상에서 간식 먹는 것을 즐깁니다.
  We enjoy eating snacks at the top of the mountain.

주말마다 등산을 가는 가족

합격비법 1 저희 가족은 아버지, 어머니, 저 그리고 여동생 이렇게 네 명입니다.

합격비법 2 저희는 모두 건강하며 항상 웃음이 넘칩니다. 피트니스센터를 운영하는 아버지는 몸 건강을 가장 중요하게 여기십니다. 주말마다 온 가족이 함께 가는 등산도 저희만의 즐거움입니다.

합격비법 3 등산을 하며 많은 대화를 나누고 산 정상에서 간식 먹는 것을 즐깁니다.

합격비법 1 There are 4 in my family, my father, mother, sister and me.

합격비법 2 We are a healthy family and we are always full of laughter. My father who runs a gym considers fitness the most important thing. It is also a pleasure for my family to go hiking every weekend.

합격비법 3 We talk a lot while hiking and enjoy eating snacks at the top of the mountain.

 식사 시간에 많은 대화를 나누는 가족

합격비법 1 저는 할머니, 부모님, 형과 살고 있습니다.

합격비법 2 대화가 끊이지 않는, 늘 활기찬 가족입니다. 할머니께서는 저희 하루 일과를 들으실 때마다 얼굴 가득 미소를 지으십니다.

합격비법3 아침 식사는 늘 같이 하려 애쓰고, 식사를 하며 나누는 대화를 즐깁니다.

합격비법1 I live with my grandmother, my parents, and my brother.
합격비법2 We are always active as we have endless conversations. Whenever my grandmother hears about our day, she has a big smile on her face.
합격비법3 We always try to have breakfast together and enjoy talking over meals.

활용 단어

- 엄격한 가정 a stern family
- 언니/오빠 elder sister/brother
- 여동생/남동생 younger sister/brother
- 분위기 atmosphere
- 자상한 generous
- 맞벌이하다 (My parents) both worked
- 자유롭게 이야기하다 talk freely
- …을 강조하다 emphasize on …
- …에게 조언을 구하다 ask someone for a piece of advice
- …와 함께 가정에서 자랐다 grew up in a family with …
- …하는 사람으로 자라기 기대하다 expect (one) to grow up as a person with …

- 독립심 a sprit of independence
- 자연스럽게 naturally
- 나의 주변 사람 people around me
- 시간을 공유하다 share time

6. 좌우명을 말해 보세요.

인생철학을 묻는 질문에 자신 있게 대답하는 지원자라면 평소 올바른 습관과 진취적인 태도를 지니고 생활하리라 짐작해 봄 직하다. 딱히 좌우명이라 할 게 없는 지원자는 면접 전 반드시 하나 정도 생각해 두도록 한다.

🔍 **더 들여다보기** 나의 좌우명은?

변화를 두려워하는 자는 발전이 없다.
작은 일도 시작해야 일이 생긴다.
우물 밖 개구리가 되자.
남보다 시간을 더 투자할 각오를 하라.
인생은 행동이다.
하지 않는 것이지 못하는 것이 아니다.
가치 있는 사람이 되자.

합격비법1 좌우명 말하기
합격비법2 좌우명이 준 긍정적인 영향
합격비법3 승무원이 되기 위한 노력이나 의지 강조

  행복한 사람이 되자

합격비법1 '행복한 사람이 되자'를 매일 실천하고 있습니다.
합격비법2 오늘이라는 시간을 보다 나은 미래를 위한 준비의 시간으로만 여기기보다는 제게 주어진 오늘을 충실한 행복으로 채우는 사람이 되고자 합니다. 이를 실천하고자 저는 매일 아침 그 날 할 일을 적는 습관을 들였습니다. 아침에 드는 기분 좋은 생각을 적기도 하고 그 날 읽을 책을 검색해 적어 보기도 합니다. 저는 매 순간 행복을 즐기고 최선을 다하면서 오늘과 내일, 어느 쪽도 희생하지 않으며 행복하게 살고자 하는 마음으로 '행복한 사람이 되자'고 늘 되뇝니다.

합격비법 3 승무원이 된 제 미래의 모습을 생각하며 매일 충실히 생활하려 합니다.

 ## 연습이 최고를 만든다

합격비법 1 저는 '연습이 최고를 만든다'는 좌우명을 가지고 있습니다.

합격비법 2 어떤 어려운 일에 도전할 때 먼저 어렵다고 여기기보다 그것을 이루어 내고자 최선을 다한다면 못할 것이 없다는 믿음이 있습니다. 최근 영화 〈말할 수 없는 비밀〉을 본 후 한동안 그 OST에 빠져 피아노를 배우게 되었습니다. 영화 삽입곡 연주를 위해 피아노를 배웠다고 해도 과언이 아닐 정도로 좋아하는 곡입니다. 그러나 귀여운 손이라는 말을 자주 들을 정도로 아담한 손가락 때문에 해당 곡 연주는 무리일 거라는 말을 피아노 선생님께 들었습니다. 하지만 저는 그에 아랑곳하지 않고 끊임없이 연습했고, 마침내 피아노를 배운 지 1년 만에 연주를 소화해 내 주위를 놀라게 하였습니다.

합격비법 3 이처럼 힘든 상황에서도 좌절하기보다 긍정적인 마음가짐으로 노력과 연습을 한다면 못 해낼 일이 없다고 생각합니다. 앞으로 다가올 그 어떤 어려움도 이 좌우명을 되뇌며, 극복하겠다는 자세로 노력하겠습니다.

What is your motto of life?

합격비법 1 좌우명 말하기

합격비법 2 좌우명이 준 긍정적인 영향

합격비법 3 승무원이 되기 위한 노력이나 의지 강조

합격비법 1 좌우명 말하기

1) 저의 좌우명은 _____입니다.

   My motto is _____.

합격비법 2 좌우명이 준 긍정적인 영향

1) _____이 저를 지지해 줍니다(제게 힘을 줍니다).

   _____ supports me.

합격비법 3 승무원이 되기 위한 노력이나 의지 강조

1) 저는 _____하기 위해 더욱 노력할 것입니다.

   I will try harder to _____.

2) 저는 _____처럼 행동하겠습니다.

   I will act as _____.

내 답변에 골라 쓰는 문장

- 제 좌우명은 '노력은 배신하지 않는다'입니다.
  My motto is 'Efforts never betray'.

- 제 좌우명은 '매 순간을 소중히 하자'입니다.
  My motto is 'To cherish every moment of the day'.

- 공부하다 힘이 들 때 제 좌우명은 제게 힘이 됩니다.
  My motto supports me when I am tired of studying.

- 부모님의 조언은 제게 힘이 됩니다.
  My parents' advice supports me.

- 저는 승무원이라는 꿈을 이루기 위해 더욱 노력할 것입니다.
  I will try harder to achieve my dream of being cabin crew.

- 저는 좀 더 나은 제가 되기 위해 더욱 노력할 것입니다.
  I will try harder to become a better person.

- 저는 이미 승무원이 되었다는 생각으로 승무원처럼 행동하겠습니다.
  I will act as cabin crew as I think I have already become one.

- 저는 프로 서비스인처럼 행동하겠습니다.
  I will act as a professional service provider.

 노력은 배신하지 않는다

합격비법 1 제 좌우명은 '노력은 배신하지 않는다'입니다.

합격비법 2 매년 새 다이어리를 구입할 때마다 제가 첫 장에 적어 두는 말입니다. 공부하다 힘이 들 때 제 좌우명은 제게 힘이 됩니다.

합격비법 3 저는 승무원이라는 꿈을 이루기 위해 더욱 노력할 것입니다.

합격비법 1 My motto is 'Efforts never betray'.

합격비법 2 Every year when I buy a dairy, I write it down on the first page of the diary. My motto supports me when I am tired of studying.

합격비법 3 I will try harder to achieve my dream of being cabin crew.

 나는 할 수 있다

합격비법 1 저는 '할 수 있다'라는 말을 늘 가슴에 새기고 삽니다.

합격비법 2 그러면 때때로 찾아오는 '내가 할 수 있을까' 하는 저에 대한 의심을 잊을 수 있습니다. 신기하게도 '할 수 있다'는 좌우명을 표현하면 할수록 바라던 일이 이루어지거나 자신감이 생기는 것을 경험할 수 있었습니다.

합격비법 3 저는 이미 승무원이 되었다는 생각으로 승무원처럼 행동하겠습니다.

합격비법 1 I always say 'I can do it/this' to myself.

합격비법 2 This sometimes makes me forget my doubts about what I can do. As if by magic, I experienced what I wanted to accomplish or gained confidence when I expressed my motto, 'Yes, I can'.

합격비법 3 I will act as cabin crew as I think I have already become one.

- 좋아하는 favorite
- 실현시키다 fulfill
- 얻다 gain
- 수단 means
- 몸을 강화하다 strengthen one's body
- 절대 포기하지 않다 never give up
- 도전을 멈추지 않다 never stop challenges
- 실패를 두려워하지 않다 not be afraid of failures

- 의심 doubt
- 다가오다, 닥치다 approach
- 소중히 하다 cherish
- (어려움에) 맞서다 confront

7. 승무원으로 지원한 동기가 무엇입니까?

승무원이 되려는 이유를 막연한 동경이 아닌 자신이 잘할 수 있는 일, 하고 싶은 일이라는 현실적인 부분에서 찾아야 한다. 구체적인 대답은 자격을 갖춘 지원자임을 보여 줄 수 있다.

🔍 **더 들여다보기** 이런 지원 동기는 피하자!

왠지 멋있어 보이니까, 내가 이용한 항공사 승무원이 멋있어서, 승무원이라는 직업으로 얻은 것을 내가 정말로 하고 싶은 다른 직업의 재료로 활용하려고, 그냥 부모님의 권유로, 유니폼을 입고 싶어서, 친한 친구가 함께 지원하자고 해서 등

합격비법 1 적성과 잘 맞음
합격비법 2 승무원 직무가 적성과 잘 맞음을 보여 주는 사례
합격비법 3 승무원이 되기 위한 노력 및 입학 의지 강조

 다양한 경험을 통해 승무원적 자질 갖춤

합격비법 1 여러 경험을 거치며 승무원이라는 직업이 제게 가장 잘 맞는 일이라 판단했기 때문입니다.

합격비법 2 봉사 활동을 통해 다양한 사람을 만난 일, 부모님 농장 일을 도우며 체력을 기른 일, 학교 운동회 마라톤 3년 연속 완주에서 보듯 도전 정신과 지구력을 키운 경험 모두 저의 승무원적 자질을 잘 드러내 주는 예라고 생각합니다.

합격비법 3 현재도 저는 경험으로써 세상을 배울 가능성은 무궁무진함을

알고 이를 실천하기 위해 다양한 경험을 수용하고 있으며, 입학 후에는 학교생활을 통해 더욱더 다양한 경험을 하고자 합니다.

 ## 승무원에게 필요한 활동성과 영어 능력을 갖춤

합격비법 1 이 일만큼 제 스스로 즐기면서 잘 해낼 수 있는 직업이 없다고 생각하기 때문입니다.

합격비법 2 저는 중학교 시절부터 '해외 문화 교류 활동'을 꾸준히 해 왔습니다. 어린 시절 배운 태권도를 여러 나라에 가서 시연하고, 가르치는 활동을 했습니다. 고등학교 진학 후 시범단 단장으로서 통역 및 진행, 봉사 활동까지 맡았습니다. 이러한 저의 적극적이고 활동적인 성향을 인정받아 해외 문화 교류 홍보 사절단으로 선정되었습니다. 이렇게 다양한 해외 경험을 하면서 저도 승무원처럼 해외를 오가며 하는 일을 하면 잘할 수 있겠다 싶었습니다. 제가 좋아하는 영어를 활용할 수 있는 점, 매일 새로운 사람을 만나는 활동적인 일인 점, 둘 모두 제가 바라는 직업의 모습입니다.

합격비법 3 제가 세운 목표를 이루기 위해 저는 지금도 매일 아침 30분씩 영어 라디오를 들으며 영어에 대한 자신감을 키우고 있습니다. 저의 이런 강한 의지를 이 학교에 입학해 보여 드리고 싶습니다.

Why do you want to be cabin crew?

합격비법 1 적성과 잘 맞음

합격비법 2 승무원 직무가 적성과 잘 맞음을 보여 주는 사례

합격비법 3 승무원이 되기 위한 노력 및 입학 의지 강조

합격비법 1 적성과 잘 맞음

1) 이 직업은 _____입니다.

   This job is _____.

합격비법 2 승무원 직무가 적성과 잘 맞음을 보여 주는 사례

1) 저는 _____을 깨달았습니다.

   I realized _____.

합격비법 3 승무원이 되기 위한 노력 및 입학 의지 강조

1) 이러한 목표가 생기면서 저는 _____하고 있습니다.

   As my goal is being developed, I _____.

내 답변에 골라 쓰는 문장

- 이 일은 제가 가장 잘할 수 있고 제가 가장 하고 싶은 일입니다.
  This job is what I can do best and what I can do most.

- 이 직업은 제 성격과 잘 맞습니다.
  This job is really good for my personality.

- 이 직업은 제가 가장 원하는 일입니다.
  This job is the one I want most.

- 승무원으로 비행하는 언니를 보며 승무원에게는 친절이 반드시 필요하다는 것을 알았습니다.
  I realize that kindness is necessary for the flight attendants from my sister who is flying as a flight attendant.

- 제가 정적인 일보다 동적인 일을 선호한다는 것을 깨달았습니다.
  I realized that I prefer dynamic to static work.

- 저는 승무원의 일이 쉽지 않음을 알게 되었습니다.
  I realized that being a flight attendant was not easy.

- 이러한 목표가 생기면서 저는 승무원에게 요구되는 언어 능력과 서비스 마인드를 갖추고자 항상 노력하고 있습니다.
  As my goal is being developed, I always try to achieve the required language skills and the service-minded attitude to be a flight attendant.

- 이러한 목표가 생기면서 저는 더욱더 자기 관리에 신경 쓰게 되었습니다.
  As my goal is being developed, I have become more thorough in managing myself.

강한 책임감을 지녔다

`합격비법 1` 이 일은 제가 가장 잘할 수 있고 제가 가장 하고 싶은 일입니다.

`합격비법 2` 저는 방학 동안 다양한 아르바이트를 했습니다. 일을 하며 승무원에게 필요한 책임감을 갖출 수 있게 되었습니다.

`합격비법 3` 이러한 목표가 생기면서 저는 승무원에게 요구되는 언어 능력과 서비스 마인드를 갖추고자 항상 노력하고 있습니다.

`합격비법 1` This job is what I can do best and what I can do most.

`합격비법 2` I have worked various part-time jobs during the vacation. This provides me responsibility required as a flight attendant.

`합격비법 3` As my goal is being developed, I always try to achieve the required language skills and the service-minded attitude to be a flight attendant.

이 일에 대해 누구보다 잘 알고 준비 또한 되었다

`합격비법 1` 이 일은 제가 가장 잘할 수 있고 제가 가장 하고 싶은 일입니다.

`합격비법 2` 저는 막연한 동경으로 승무원에 지원한 것이 아닙니다. 승무원으로 비행하는 누나를 보면서 승무원에게는 친절이 반드시 필요함을 알았습니다. 커피숍을 운영하는 부모님을 도우며 이 일에 필요한 친절을 갈고 닦을 수 있었습니다. 승무원으로서 겪게 될 다양한 어려움 또한 잘 알고 있으며, 이를 극복할 준비 역시 되어 있습니다.

`합격비법 3` 이러한 목표가 생기면서 저는 더욱더 자기 관리에 신경 쓰게 되

었습니다.

합격비법 1 This job is what I can do best and what I can do most.

합격비법 2 I did not apply for the crew position just because I have longed for it vaguely. I realize that kindness is necessary for the flight attendants from my sister who is flying as a flight attendant. I helped my parents who run a coffee shop and improve my kindness. I am also aware of many difficulties I could deal with when I become a flight attendant and I am ready to overcome them.

합격비법 3 As my goal is being developed, I have become more thorough in managing myself.

활용 단어

- 지원동기 reason for application
- 노력 effort
- 준비 preparation
- 강한 의지 strong will
- 꿈을 키워오다 have raised one's dream
- 내 능력을 극대화하다 maximize my ability
- …에 대한 열망을 가지다 have a strong passion of …
- 간절한 desperate
- 꿈을 이룸 dreams come true
- 증명하다 prove

8. 본인이 지닌 승무원에 걸맞은 자질은 무엇입니까?

승무원이 되고자 항공서비스과 진학을 희망하는 것이므로 승무원이 되는 데 필요한 자신의 자질을 구체적으로 표현할 수 있어야겠다. 성격, 관련 경험 여부, 체력, 어학 실력 등 업무와 연관된 자질을 드러내자.

🔍 **더 들여다보기** 내 과거 경험에서 어떤 자질을 끌어내면 될까?

• 해외 봉사 활동 : 어학 실력, 봉사 정신, 글로벌 마인드, 타 문화에 대한 열린 태도, 도전 정신, 적응력, 인내력 등
• 단체 임원 활동 : 리더십, 팀워크, 적극성, 배려심, 포용력, 커뮤니케이션 스킬 등
• 아르바이트 경험 : 센스, 문제 해결 능력, 시간관념, 체력, 책임감, 서비스 마인드 등

합격비법 1 자신이 지닌 승무원 자질 말하기
합격비법 2 사례를 들어 구체화하기
합격비법 3 입학 후 자질을 더욱 계발해 나가겠다는 의지 강조

 강한 체력

합격비법 1 저는 승무원 업무에 필요한 강한 체력을 지녔습니다.
합격비법 2 학교에서 밤을 새우며 공모전을 준비한 적이 있습니다. 다른 친구들은 금방 피곤해 하거나 힘들어 했지만, 꾸준한 운동으로 기초 체력을 다져 둔 저는 그다지 피로를 느끼지 못했습니다. 수영은 제가 가장 좋아하는 운동으로 초등학교 입학 전부터 지금까지 꾸준히 하고 있습

니다.

`합격비법 3` 입학 후에도 지금처럼 운동을 하면서 공부의 효율성을 높일
것입니다.

 사교적인 성격

`합격비법 1` 활발한 성격 덕에 반 구분 없이 친구들과 친하게 지냅니다. 처
음 만나는 선후배들과도 거리낌 없이 대화를 나누는 사교적인 사람입
니다.

`합격비법 2` 해외 문화 스터디 클럽 활동 당시, 클럽 홍보를 위해 타 학교
를 방문하고는 했는데, 이런 제 성격을 아는 친구들이 저를 리더로 뽑았
습니다. 제가 처음 만나는 사람들과도 친근하게 대화를 잘 나눈다는 이
유에서입니다.

`합격비법 3` 누구와도 쉽게 친해지는 이런 장점을 발휘해 입학 후에도 동
기를 잘 챙기는 마음 따뜻한 학생이 되고 싶습니다.

What is your qualification to be cabin crew?

합격비법 1 자신이 지닌 승무원 자질 말하기

합격비법 2 사례를 들어 구체화하기

합격비법 3 입학 후 자질을 더욱 계발해 나가겠다는 의지 강조

합격비법 1 자신이 지닌 승무원 자질 말하기

1) 저는 _____뿐만 아니라, _____도 말할 수 있습니다.

   I can speak not only _____ but also _____.

2) 그것은 _____하는 데 필수 요소입니다.

   It is essential to _____.

합격비법 2 사례를 들어 구체화하기

1) 저는 3년 동안 _____하고 있습니다.

   I have been _____ing _____ for 3 years.

합격비법 3 입학 후 자질을 더욱 계발해 나가겠다는 의지 강조

1) 저는 재학 중에도 _____할 계획입니다.

   I will _____ during my school days.

내 답변에 골라 쓰는 문장

- 저는 영어뿐만 아니라 중국어도 자신 있게 말할 수 있습니다.
  I can speak not only English but also Chinese with confidence.

- 저는 의사소통 능력뿐만 아니라 책임감도 갖추었습니다.
  I have not only communication skill but also responsibility.

- 그것은 승무원 업무의 전문성을 발휘하는 데 필수적입니다.
  It is essential to work as professional cabin crew.

- 저의 서비스 마인드는 승무원이 되는 필수 요소라 생각합니다.
  I think my service mind is essential to become cabin crew.

- 3년째 꾸준히 어학원에 다니고 있습니다.
  I have been steadily attending the language school for 3 years.

- 저는 2년 동안 꾸준히 봉사 활동을 하고 있습니다.
  I have been steadily volunteering for 2 years.

- 재학 중 다양한 학교 활동에 참여할 계획이며 이를 통해 많은 것을 배우고 싶습니다.
  I will participate in various school activities during my school days and I want to learn a lot from them.

- 학교를 다니며 제가 지닌 자질을 향상시킬 것입니다.
  I will improve my qualifications during my school days.

- 저는 재학 중 교칙을 잘 준수하겠습니다.
  I will follow the school regulations very well during my school days.

언어 능력

합격비법 1 저는 영어뿐만 아니라 중국어도 자신 있게 말할 수 있습니다.

합격비법 2 3년째 꾸준히 어학원에 다니고 있습니다. 도중에 몇 차례 그만
둘 뻔 하기도 했지만 승무원이라는 제 꿈을 생각하면서 꾸준히 다닐 수 있
었습니다.

합격비법 3 재학 중 다른 언어도 공부할 생각입니다.

합격비법 1 I can speak not only English but also Chinese with
confidence.

합격비법 2 I have been steadily attending the language school for 3
years. I almost quit a few times, but I could keep going thinking
about my dream as a flight attendant.

합격비법 3 I will study other languages while attending college.

 서비스 마인드

합격비법 1 저의 서비스 마인드는 승무원이 되는 필수 요소라 생각합니다.

합격비법 2 도서관 봉사 활동을 하며 많은 사람을 만났고 이를 통해 서비스
마인드를 익힐 수 있었습니다. 제 업무가 아니지만 의자를 정돈하고 쓰레
기가 보이면 바로 청소합니다. 도움을 필요로 하는 이용객을 보면 제가 먼
저 다가가 도움을 드립니다.

합격비법 3 입학 후 다양한 학교 활동에 참여해 많은 것을 배우고 싶습니다.

합격비법 1 I think my service mind is essential to become cabin crew.

합격비법 2 I have met many people while volunteering at the library so I could learn service mind through them. Even if it wasn't my job, I arranged chairs and cleaned them as soon as I see any trash. If I see anyone who needs help, I come closer and help them.

합격비법 3 If I enter this college I will participate in various school activities and I want to learn a lot from them.

활용 단어

- 기본 자질 basic qualification
- 인성적(내적) 자질 personal qualities
- 대인관계 기술 interpersonal skill
- 언어능력 language skill
- 성실한 자세 sincere attitude
- 다양한 문화 diverse cultures
- 경쟁적인 환경 competitive environment
- …에 적합한 be suitable for …
- …에 근거하여, …에 기초를 두고 based on …
- 이 분야에 최고가 되다 be the best in this field
- 차림새 grooming
- 꾸준히 steadily
- 보여 주다, 발휘하다 show
- 나에게 맞다 fit right to me
- 요구 사항 requirement

9. 학교생활은 어땠습니까?

고등학교에서의 생활은 지원자의 미래 대학 생활이 어떠할지 짐작해 보게 한다. 장차 승무원을 희망하는 방향성에 걸맞게, 적극적이고 예의 바르며 교우 관계도 원만한 학생이었음을 보여 주는 답변을 만든다.

🔍 더 들여다보기   나의 학교생활은?

봉사 활동, 동아리 활동, 공모전 참여, 수상 경력, 교내 임원 활동, 캠프 활동, 교내외 홍보 활동, 국제 트래킹, 특별 활동 부서(클럽) 활동, 반에서의 역할, 마라톤 참가, 축제 참여, 체육 대회, 해양 스포츠 활동, 교내 선거 활동, 국토 대장정, 국내외 행사 참여 등

`합격비법 1` 학교생활에 대한 전반적인 평가
`합격비법 2` 설명을 더하거나 구체적인 사례 들기

영어 공부 동아리 활동

`합격비법 1` 영어 공부 동아리를 만들어 활발하게 활동했습니다.
`합격비법 2` 동아리 부원끼리 영어 공부를 함께 한 것은 물론, 저희 동아리가 주축이 돼 교내 영어 말하기 대회를 개최, 입상하기도 했습니다. 교내 영어 대회는 처음 있는 일이라 선생님들의 동의와 도움이 절실했기에, 저는 대회의 목적과 학생들의 영어 실력 향상에 대한 의지 및 영향에 대해 선생님들 앞에서 PPT로 설명하는 시간을 가졌고 선생님들은 이를 긍정적으로 수용하셨습니다. 덕분에 대회를 성공적으로 마칠 수 있었습니다.

직업 체험 캠프 참가

합격비법 1 직업 체험 캠프에서의 활동이 가장 기억에 남습니다.

합격비법 2 팀별로 희망 직업을 조사하고 관련 인물을 인터뷰한 적이 있는데, 저희 팀이 탐색한 직업이 승무원이었습니다. 항공사와 여러 대학 항공서비스과에 문의해 현직 승무원과 승무원 출신 교수님들을 만났습니다. 그분들에게 다양한 이야기를 들으며 크게 감화된 저는 꼭 승무원이 되자며 팀원들과 의지를 다졌습니다. 그때의 팀원 모두가 현재 항공서비스과 진학을 위해 면접을 보고 있으며 저는 다 함께 승무원이 되기를 바랍니다.

How was your school life?

합격비법 1 학교생활에 대한 전반적인 평가

합격비법 2 설명을 더하거나 구체적인 사례 들기

합격비법 1 학교생활에 대한 전반적인 평가

1) 저는 _____을 가장 즐겼습니다.

　 I enjoyed _____ the most.

2) 저는 _____한 학생이었습니다.

　 I was _____ student.

합격비법 2 설명을 더하거나 구체적인 사례 들기

1) _____하는 동안(…하면서), 저는 _____하였습니다.

　 While _____, I _____.

2) 저는 _____할 수 있었습니다.

　 I could _____.

내 답변에 골라 쓰는 문장

- 저는 고등학교 시절이 가장 즐거웠습니다.
  I enjoyed my high school life most.

- 저는 학생회 활동을 가장 즐겁게 하였습니다.
  I enjoyed the activities of the student council most.

- 저는 매우 적극적인 학생이었습니다.
  I was a very active student.

- 저는 열정이 가득한 학생이었습니다.
  I was a student who was full of passion.

- 봉사 활동을 하면서 다양한 친구들도 만났고, 이는 제게 가치 있는 경험
  이었습니다.
  While doing volunteer work, I met various friends and this was
  a valuable experience for me.

- 학교를 다니는 동안 많은 것을 경험하고자 했습니다.
  While I was attending my school, I tried to experience many
  things.

- 학교 축제에서 승무원 유니폼 패션쇼를 진행하면서 즐거웠고 많은 것을
  배울 수 있었습니다.
  At the time of the school festival, I enjoyed hosting the flight
  attendants' fashion show and learned many things.

- 저는 많은 친구를 사귈 수 있었습니다.
  I could make many friends.

- 저는 도전을 즐기는 사람이 될 수 있었습니다.
  I could be a person who enjoyed challenge.

봉사 활동

합격비법 1 저는 고등학교 시절이 가장 즐거웠습니다.

합격비법 2 봉사 활동을 하면서 다양한 친구들을 만났습니다. 봉사는 다른 사람을 도움과 동시에 봉사자에게도 보람을 주는 가치 있는 활동이라는 생각을 하게 되었습니다.

합격비법 1 I enjoyed my high school life most.

합격비법 2 While doing volunteer work, I met various friends. Volunteering is a valuable activity that not only helps others, but also rewards the volunteers.

 학교 축제 참가

합격비법 1 저는 늘 적극적인 학생이었습니다.

합격비법 2 학교 축제에서 승무원 유니폼 패션쇼를 진행하면서 즐거웠고 많은 것을 배울 수 있었습니다. 도중에 다소간 의견 차이가 있었지만, 갈등을 원만히 해결하고 나니 오히려 더 기억에 남는, 뿌듯한 일로 남아 있습니다.

합격비법 1 I was a very active student.

합격비법 2 At the time of the school festival, I enjoyed hosting the flight attendants' fashion show and learned many things. Although there was some disagreement in the middle, I felt that this experience was more memorable after settling the conflict peacefully.

활용 단어

- 자원봉사 voluntary service
- 동아리 회원 a member of a club
- 팀 활동 team activity
- 출품하다 make an exhibit
- 업적, 성과 accomplishment
- 협동 cooperation
- 학칙 school regulations
- 국토 대장정 Across the Country Hiking program
- …와 어울리다 socialize with …
- …와 시간을 보내다 hang out with …
- 좋은 관계를 가지다 have good a relationship
- 호기심을 불러일으키다 bring my curiosity

- 값진 경험 precious experience
- 가치 있는 valuable
- 다양한 분야 various fields
- 인정받다 be credited for
- 상을 받다 win a prize
- 격려하다 encourage
- 자유학기제 free semester system

10. 입학 후 포부를 말해 보세요.

　해당 대학 교수진으로 구성된 면접관들은 부지런하고 모범적인 학생에게 자연히 마음이 기울 것이다. 입학 후 포부를 묻는 질문에는 이 점을 고려해 답한다. 타의 모범이 되는 자세로 적극성을 갖고 학업에 임하겠다는 각오면 된다. 무리한 계획, 지나치게 원대한 포부는 오히려 거짓된, 억지스러운 포장으로 여겨질 수 있으므로 피한다.

🔍 더 들여다보기　입학 후 내가 바라는 내 모습은?

모범적인 학습 태도 갖기, 원만한 교우 관계 맺기, 승무원을 향한 각오 다지기, 대외 활동에 적극적으로 참여, 학교 지원 프로그램에 적극적으로 지원, 체계적인 학업 스케줄 짜기, 승무원이 되기 위한 나만의 마스터 플랜 만들기 등

`합격비법 1` 입학 후 포부 또는 계획 말하기
`합격비법 2` 구체적인 설명 더하기

 ## 타의 모범이 되고 싶다

`합격비법 1` 저는 모든 교수님으로부터 타의 모범이 되는 학생이라는 평가를 받고 싶습니다.
`합격비법 2` 모든 과제에 최선을 다해 임하고 우수한 성적을 받겠습니다. 동기와 더불어 모든 일에 적극적으로 참여할 것입니다. 이를 위해 목표 의식을 갖고 교수님의 가르침을 받는 2년의 시간을 제대로 활용하도록 동기들과 함께 노력할 것입니다.

해외 연수 프로그램에 참여하겠다

합격비법 1 이 학교에 훌륭한 장학 프로그램이 있다고 들었습니다. 입학 후 장학금을 받을 수 있도록 노력할 것이며 해외 연수 프로그램에도 도전하고 싶습니다.

합격비법 2 현재 졸업반인 제 누나가 말하기를, 학기 초의 마음가짐을 유지하고 계획을 실천하는 것이 중요하다고 했습니다. 시간표대로 매일 해야 할 일을 미루지 않는, 4년 연속 장학생으로 선발된 누나가 제게 많은 영향을 주었습니다. 저 역시 해외 연수라는 좋은 기회를 놓치지 않도록 하루하루 알차게 생활하겠습니다.

How will you adjust yourself after entering college/university?

합격비법 1 입학 후 포부 또는 계획 말하기

합격비법 2 구체적인 설명 더하기

합격비법 1 입학 후 포부 또는 계획 말하기

1) 저는 _____할 것입니다.

  I will _____.

2) 저는 _____하고 싶습니다.

  I would like to _____.

합격비법 2 구체적인 설명 더하기

1) 만약 제가 _____한다면, 저는 _____하겠습니다.

  If I _____, I will _____.

내 답변에 골라 쓰는 문장

- 지금의 토익 점수를 내년까지 700점으로 만들겠습니다.
  I will make my TOEIC score 700 by next year.

- 저는 학업 계획을 세워 반드시 실천하겠습니다.
  I will make a plan for my studies and make sure to do it.

- 저는 원만한 교우 관계를 바탕으로 스터디 그룹을 만들겠습니다.
  I will form a study group based on my good friendships.

- 현재 기초 수준인 중국어를 더 공부해 학교 장학 프로그램에 선발되고 싶습니다.
  I would like to be selected as a scholarship program in this college by studying Chinese more, which is currently at the basic level.

- 저는 학교 대외 활동에 적극적으로 참여하고 싶습니다.
  I would like to actively participate in school activities.

- 만약 제가 학교 홍보부에 들어가게 된다면, 최선을 다해 학교 홍보에 임하겠습니다.
  If I can get into the public relations department, I will do my best in promoting my school.

- 해외 연수 참여 자격을 얻는다면, 어학 공부와 문화 체험에 성실히 임하겠습니다.
  If I pass the overseas study program, I will faithfully study languages and experience culture.

- 학교생활 적응에 어려움을 겪는 친구가 있다면, 많은 도움을 주겠습니다.
  If I meet a friend who has difficulty in adapting to school life, I want to help him/her out a lot.

영어 실력 보완

합격비법 1 지금의 토익 점수를 내년까지 700점으로 만들겠습니다.

합격비법 2 영어 회화 또한 중요하므로 회화 실력도 보완하겠습니다. 외국인과 영어로 문제없이 의사소통하는 날이 올 때까지 노력을 게을리하지 않겠습니다.

합격비법 1 I will make my TOEIC score 700 by next year.

합격비법 2 Conversation in English is also important so I will improve my speaking ability. I will try hard until I can communicate with foreigners without any problems in English.

 장학 프로그램 선발

합격비법 1 현재 기초 수준인 중국어를 더 공부해 학교 장학 프로그램에 선발되고 싶습니다.

합격비법 2 해외 연수 참여 자격을 얻는다면, 어학 공부와 문화 체험에 성실히 임하겠습니다. 다양한 해외 경험을 통해 승무원이 되는 발판을 마련할 것입니다.

합격비법 1 I would like to be selected as a scholarship program in this college by studying Chinese more, which is currently at the basic level.

합격비법 2 If I pass the overseas study program, I will faithfully study languages and experience culture. I will build a stepping stone to become a flight attendant through various overseas experiences.

Unit 4
중요 질문 20

면접 준비 단계에서 반드시 챙겨야 할 출제 빈도가 높은 질문을 한 국어 답변을 통해 알아본다.

11. 우리 학교에 지원한 이유는 무엇인가요?

'왜 이 학교에 지원했느냐'는 질문에 대답할 때는 반드시 해당 학교의 특별한 점을 언급해 줄 필요가 있다. 적어도 이 질문만큼은 지원 학교별 맞춤 답변을 준비해 자신의 높은 입학 의지를 보여 주도록 하자.

🔍 **더 들여다보기** 지원 동기가 될 수 있는 것

학교 프로그램에 대한 관심(예: 특성화 프로그램, 해외 인재 양성 프로그램, 항공 서비스 실습, 산학 협력 프로그램, 기관 협력 프로그램, 교과 연계 프로그램, 다양한 자격증 및 이수 프로그램, 해외 선진 문화 체험 프로그램 등)과 참여 의지, 선배의 추천, 학교 홍보물 또는 학교 홈페이지 방문 후 생긴 관심, 교육 커리큘럼 등

`합격비법 1` 학교의 특징적인 면을 한 문장으로 정리하기

`합격비법 2` 특징을 보다 자세히 설명하기

`합격비법 3` 입학 의지로 마무리

선후배 간 멘토링과 직속 제도, 기숙사 생활

합격비법 1 저는 중부대학교 항공서비스학과 프로그램 가운데 선후배 간 멘토링과 직속 제도, 그리고 1학년 전원 기숙사 생활이라는 부분에 크게 이끌려 지원하였습니다.

합격비법 2 SNS에서 중부대학교 항공서비스학과 홍보부 '다온'을 접하고 알게 된 멘토링과 직속 제도는 4년의 학교생활 동안 선후배들과 돈독한 관계를 유지하도록 도와줄 것입니다. 실제 같은 항공사에 취업한 선후배가 그 특별한 관계를 계속해 유지해 나가는 사례를 듣기도 했습니다. 기숙 생활 역시 학교에서 배운 내용을 동기들과 평소 생활에서 적용해 보고 상기하는 데 도움이 되리라 생각합니다.

합격비법 3 중부대학교에서 4년 동안 승무원의 모습으로 조금씩 발전해나갈 제 모습이 기대됩니다. 학교가 주는 배움을 하나도 놓치지 않고 제 것으로 만들 수 있도록 노력하겠습니다. 그리고 저 역시 홍보부 다온의 일원이 되어 학교 홍보에 기여하고 싶습니다.

 ## 아시아나 승무원 체험 교실, 대한항공 산학 실습 승무원 프로그램

합격비법 1 '현장감 있는 글로벌 인재를 양성한다'는 슬로건에 걸맞은 한서대학교의 교육 과정을 이수해 반드시 승무원이 되겠다는 결심을 했기 때문입니다.

합격비법 2 한서대학교는 항공관광학과의 예비 승무원 교육을 위해 아시아나 승무원 체험 교실과 대한항공 산학 실습 승무원 프로그램을 진행하고 있습니다. 한서대학교의 높은 승무원 취업률 역시 대학 교육 과정이 재학생을 진정한 서비스인으로 거듭나게 한다는 것을 알 수 있게 했습니다.

합격비법 3 저는 한서대학교 항공관광학과라는 울타리 안에서 학교의 가르침을 좇아 전문적인 소양을 갖춘 승무원이 되도록 노력하고 성장하겠습니다.

12. 우리 학교에서 본인을 뽑아야 하는 이유는 무엇입니까?

해당 학과를 통해 이루려는 목표를 바탕으로 자신이 이 학교 학생이 되어야 하는 이유를 들어 면접관을 설득할 수 있어야 한다.

🔍 **더 들여다보기** 무엇을 묻는 질문일까?

답변에서 내가 가진 승무원이 될 만한 자질, 장점을 언급함으로써 학교가 나를 뽑아야 할 당위성을 짚어 주게 되는데, 이는 곧 자신의 승무원적 역량이 무엇인지 말해 보라는 질문이 되겠다.

합격비법 1 나만의 승무원적 역량 말하기
합격비법 2 역량에 설득력을 부여할 경험 소개
합격비법 3 학교 입학 의지(승무원 합격 의지) 강조

 강한 서비스 정신을 지녔으므로

합격비법 1 저는 그 누구보다 강한 서비스 정신을 지니고 있기 때문입니다.

합격비법 2 고등학교 2학년 겨울 방학 때 서비스업 경험을 쌓기 위해 겨울 방학에만 일을 하겠다는 계획으로 웨딩숍 아르바이트를 시작했습니다. 드레스 상담을 원하는 커플이 방문할 때는, 저는 먼저 웃으며 다가가 신부님을 향한 기분 좋은 말을 건네며 친근하게 맞이하고는 했습니다. 한번은 임신한 신부님이 오신 적이 있는데, 숍에서 제공하는 음료는

커피와 차가운 주스가 전부라 저는 그분을 위해 근처 카페에 가서 생과일주스를 직접 사다 드리기도 했습니다. 이를 본 매니저님이 제 서비스 태도를 높이 사 제게 방학 시즌마다 일해 줄 것을 제안하셨고, 저는 올해 겨울에도 일을 하고 있습니다.

합격비법3 이런 저의 서비스 정신은 이 학교에 입학하고 이후 승무원이 되기에 충분한 자질이지 않을까 생각합니다. 그 밖의 부족한 부분은 학교에서의 배움으로 채워 나가도록 힘쓰겠습니다.

 ## 글로벌 마인드를 지녔기 때문에

합격비법1 세계의 문화를 이해하는 제가 가진 글로벌 마인드는 승무원이 될 수 있는 저만의 강점이라고 생각합니다.

합격비법2 국제 공모전 참여로 미국에 다녀온 일이 있습니다. 일주일을 보내며 다양한 나라에서 온 다양한 친구들을 만났습니다. 매일 친구들과 함께 식사를 하고, 공모전 아이디어를 나누며 심각하게 토론하고, 장난을 치기도 했습니다. 그런 가운데 서로의 문화를 존중하는 자세와 태도가 진정한 글로벌 마인드라는 것을 생생히 느꼈습니다.

합격비법3 글로벌 마인드는 승무원이 되려는 사람에게 반드시 필요한 역량이라고 생각합니다. 이런 저의 장점과 학교에서 배운 것을 제대로 발휘해 본보기가 되는 학생이 되고 싶습니다.

13. 우리 학교 교육 과정에서 가장 기대되는 과목은 무엇인가요?

  지원하는 학교의 교육 과정을 미리 알아보는 등 지원자의 학교에 대한 입학 의지를 가늠해 보려는 질문인 만큼, 면접 전 학교 커리큘럼을 파악하는 일은 기본이겠다. 추가로 지원자가 어떤 과목 수강을 가장 희망하는지도 알 수 있는 질문이다.

🔍 더 들여다보기 항공서비스과에서 배우는 과목과 학습 목표

• 이미지 메이킹 : 고객에게 보다 밝고 편안한 이미지를 주는 행동 요령 및 각자의 개성에 맞는 효과적인 이미지 연출, 용모 가꾸기, 인사, 표정, 태도 등을 익혀 서비스 전문가로서 업무 수행에 자신감을 가질 수 있도록 한다.
• 국제 매너 : 국제 예절을 기본으로, 회사 내 예절, 동료 간 예절 등 실생활 예절을 교육해 예의를 갖춘 올바른 사회인을 배출한다.
• 항공 객실 업무 : 항공기 객실 내부 구조 이해와 목적지까지 승객과 승무원의 안전 여행에 필요한 제반 승무 규정을 익히고 임무 수행 절차 및 객실 내 안전 장비에 대한 기초 지식을 습득한다.
• 기내 식음료 실무 : 제공하는 음료와 기내식에 대한 기본적인 지식과 그 서비스 방법을 익히고 실습을 통해 서비스 제공 능력을 향상한다.
• 방송 영어 : 정확한 외국어 발음 연습과 더불어 언어 구사력을 길러 기내 안내 방송을 원활히 할 수 있게 한다.

합격비법 1 지원 학교의 기대되는 교육 과정 언급
합격비법 2 '합격비법1'에 대한 상세 설명
합격비법 3 수업 참여 의지

이미지 메이킹

합격비법 1 저는 '이미지 메이킹 수업'이 가장 기대됩니다.

합격비법 2 승무원 하면 가장 먼저 떠오르는 올림머리 하는 법, 유니폼 착용법을 배우는 등 저를 승무원다운 모습으로 만들어 줄 수업이라 생각하기 때문입니다. 승무원은 서비스 전문가를 대표하는 직업인 만큼 과목을 수강하며 더욱 밝고 편안한 이미지를 보여 줄 예비 승무원의 모습을 갖추겠습니다.

합격비법 3 이미지 메이킹 수업에서 배운 내용을 평소에도 적용함으로써 하루도 흐트러짐 없는 예비 승무원의 모습으로 생활하겠습니다.

 방송 영어

합격비법 1 다양한 교육 과정이 있고 모든 과목에 대한 기대가 크지만, 특히 '방송 영어' 과목을 듣고 싶습니다.

합격비법 2 평소 승무원들의 기내 방송에 관심이 많은 데다 과목 자체가 흥미롭기 때문입니다. 특히 유창한 영어 기내 방송을 하게 될 날을 꿈꾸며 영어 공부를 열심히 해 온 저이기에 그동안 갈고닦은 실력을 잘 활용할 수 있는 과목입니다. 교과목 공부를 통해 정확한 발음은 물론 정확한 언어 구사 능력을 길러 기내 방송을 원활히 할 수 있는 능력을 갖추고 싶습니다.

합격비법 3 특히 기대하고 있는 과목인 만큼 수업에 집중해 열심히 따라가도록 하겠습니다.

14. 항공서비스과는 대개 선후배 규율이 강하다고 알려져 있습니다. 이에 잘 적응할 수 있겠습니까?

    항공서비스과에는 소위 말하는 시니어리티가 존재하기도 한다. 이를 부정적으로 여기는 지원자라면 훗날 항공사 입사 후 적응이 쉽지 않으리라는 인상을 줄 수 있는 점을 감안하여 답한다.

🔍 **더 들여다보기**   시니어리티, 나쁘기만 한 부정적인 문화일까?

대답은 '그렇지 않다'이다. 시니어리티는 선후배 간 규율을 뜻하기도 하지만, 항공기 내에서의 지휘 체계를 의미하기도 한다. 항공기 내의 안전을 위해서라면 시니어리티는 필요하다. 운행 중 비상 상태에 놓였을 때 정해진 지휘 체계가 없다면 그 상황을 통제하는 데 혼란을 겪을 수밖에 없다. 이런 사태를 우려해 만들어진 지휘 체계가 선후배 간 규율을 강조하는 시니어리티로 이어졌다고 봐야 한다. 기내 지휘 체계는 기장-부기장-사무장 순으로 이어진다. 항공기만의 특수한 상황을 제대로 이해하고 시니어리티를 부정적인 관점으로만 보지 않는다면 이 질문에 잘 대답할 수 있을 것이다.

[합격비법 1] 규율에 대한 자신의 생각 말하기
[합격비법 2] '합격비법1'에 대한 보다 상세한 설명

> **엄격한 규율에 대해 이미 알고 있으며, 이를 긍정적으로 인식**

[합격비법 1] 항공서비스과 선후배 간 규율에 대해서는 항공서비스과를 졸업해 승무원 3년 차에 접어드는 저희 언니에게 들었습니다. 언니가 이와 관련된 다양한 상황에 대해 들려주었고, 저는 이런 선후배 간 규율을 학교에서 앞서 경험해 본다면 항공사 입사 후 적응하는 데 도움이 되는

면이 있을 것이라 생각합니다.

합격비법2 제가 선후배를 존경하는 마음을 갖고 항공서비스과 내의 정해진 규율을 잘 지키기만 한다면, 엄격한 규율이 존재한다는 사실은 그렇게 겁먹을 일이 아니라는, 언니의 조언이 있었습니다.

 ## 엄격한 규율에 대한 앞선 경험이 있음

합격비법1 저는 현재 영자 신문 동아리에서 활동하고 있는데, 저희 동아리 선후배 규율도 강한 편입니다. 그렇기 때문에 저는 항공서비스과 규율에 적응을 잘할 자신이 있습니다.

합격비법2 선배를 존경하고 후배를 아끼는 자세로 선후배 간 규율을 지키고 이 문화를 긍정적으로 바라볼 수 있도록 입학 후에도 노력할 것입니다.

15. 면접을 준비하면서 가장 힘든 점은 무엇이었습니까?

솔직한 대답이 최고. 답변의 성격에 따라 힘든 점을 극복하려는 자신의 의지나 자기만의 노력을 덧붙인다.

🔍 더 들여다보기   이런 내용, 괜찮을까?

- 미소 연습이 힘들었다 : 승무원 자질을 갖추려는 노력이 미소 연습에만 한정돼 있는 인상을 주어서는 안 된다. 미소 연습이 힘들었다는 표현은 금물.
- 승무원 학원을 다녔다 : 굳이 승무원 학원을 다니지 않아도 승무원이 될 자격이 충분한 지원자임을 강조해야 하므로 학원 수강에 대해서는 언급하지 않도록 한다.
- 답변을 외우는 것이 힘들었다 : 면접장에서 지원자가 어느 정도 암기한 답변을 말한다는 것은 모두가 아는 사실이지만 실제 면접에서 "답변을 외웠다"고 말할 필요는 없다. 면접장은 암기력 테스트를 하는 곳이 아니다.

[합격비법 1] 면접 준비 중 힘든 점 말하기
[합격비법 2] 힘든 점에 대해 자세히 설명하기
[합격비법 3] 극복 의지나 노력 강조

 타 지역에서 면접을 위해 상경

[합격비법 1] 다른 것보다 저는 지방에 살기 때문에 오늘 이른 면접 시간에 맞추는 것이 힘들었습니다.
[합격비법 2] 어제 비행기로 서울에 와서 면접장 근처에서 1박을 하고 면접을 보고 있습니다.

합격비법 3 좀 더 일찍 비행기 표를 구매하지 않아 원하는 시간대를 선택할 수 없었던 점을 후회하고 있습니다. 다음부터는 뭐든 미리 준비해 둘 생각입니다.

너무 많은 정보 속에서 혼란을 겪음

합격비법 1 면접 준비를 하면서 도움을 받으려고 인터넷상 정보 공유 카페에 가입했습니다. 일단 많은 정보를 얻을 수 있어 유용하기는 했지만, 자료 규모가 지나치게 방대한 점, 간혹 잘못된 정보가 있기도 하다는 점에 혼란이 생겼습니다.

합격비법 2 어디에 기준을 두고 면접을 준비해야 할지 당황스러웠습니다.

합격비법 3 결국 카페에서 쉽게 정보를 얻으려다 잘못된 정보를 접할 수도 있음을 깨닫고, 스스로 학교 홈페이지와 관련 뉴스 등을 직접 찾아보고 정보를 모으며 이 학교에 대한 애정이 생겼고, 입학 의지 또한 다질 수 있었습니다.

16. 오늘 면접을 위해 특별히 준비한 것은 무엇입니까?

면접 준비를 위해 과외를 받았다거나 학원을 다녔다는 등의 대답은 지원자의 예비 승무원으로서의 역량을 피력하는 데 도움이 되지 않는다. 승무원이 되기 위해 과도한 노력이 필요한 사람으로 보여질 수 있기 때문이다. 자신이 해당 학교 면접을 준비하며 기울인 그 밖의 노력에 대해 말하자.

🔍 **더 들여다보기**   면접을 위해 챙겨야 할 것

체력 및 체중 관리, 어학 점수 관리, 영어 제외 기타 외국어 공부, 어피(헤어, 메이크업) 관리, 나의 강점을 잘 보여 줄 답변 내용 정리, 학교에 대해 알아보기, 면접 후기 살펴보기, 면접 복장 정하기 등

`합격비법 1` 특별한 준비에 대해 한 문장으로 (정리해) 말하기
`합격비법 2` 준비 내용 자세히 설명하기

 체력 다지기

`합격비법 1` 승무원이 되는 데 가장 중요하다고 여기는 기초 체력을 다지기 위해 저는 올해부터 수영을 배우기 시작해, 이틀에 한 번씩 수영장에서 시간을 보내고 있습니다.
`합격비법 2` 건강한 마음은 건강한 체력에서 나온다는 것을 알고 있습니다. 평소 다진 체력을 바탕으로 이 면접에서 서비스인다운 제 모습을 제대로 보여 드리고자 노력해 왔습니다.

독서를 통한 기본 소양과 간접 경험 쌓기

합격비법 1 승무원에게 아름다운 미소만큼이나 중요한 것은 어떤 위기 상황에도 대처할 수 있는 능력을 갖추는 것이라 생각해 저는 책을 통한 간접 경험도 쌓고 있습니다.

합격비법 2 저는 최근 6개월 동안 학교 도서관 대여 순위에서 1등을 지키고 있습니다. 특히, ○○대학교(현재 면접을 치르는 학교) ○○○ 교수님의 ○○○○라는 책을 읽고서 승무원이라는 직업에 대해 더욱 흥미를 갖게 되었고, 오늘 면접에도 많은 도움이 되고 있습니다. 앞으로 이 학교에 입학해 교수님의 현장 교육과 더불어 저만의 독서를 통한 공부를 계속하고 싶습니다.

17. 스트레스는 어떻게 관리하나요?

승무원은 서비스인으로서 지속적인 스트레스에 노출되기 쉬운 직업이라는 예상이 가능하다. 이런 스트레스를 스스로 현명하게 관리하는 방법을 찾는 것 또한 승무원에게 필요한 자질이다. 자신만의 효과적인 스트레스 관리법을 간단하게 표현해 보도록 한다.

🔍 **더 들여다보기**   나만의 스트레스 관리법

찬물 세수, 신나는 노래 듣기, 큰 소리로 노래 부르기, 친구들과 수다 떨기, 경쾌한 내용의 영화 보기, 버스 타고 관광하기, 운동, 맛있는 음식 먹기, 사진 찍기, 부모님과 이야기 나누기 등

> **합격비법 1**   나만의 스트레스 관리법 소개
> **합격비법 2**   · 스트레스 관리법의 효과 설명

 거울을 바라보며 자신을 달랜다

합격비법 1   저는 스트레스를 잘 받지 않는 편이지만 간혹 스트레스 받는 일을 겪으면 혼자만의 공간에서 거울을 보면서 억지로라도 웃는 표정을 지어 봅니다.

합격비법 2   거울 속의 제게 타인을 달래듯 한두 마디 따뜻한 말을 건네고 화난 마음을 추스르다 보면 어느새 마음이 평화롭게 가라앉는 것을 느낍니다. 스트레스를 받는 현장과 잠시 거리를 두고 스스로를 달래는 과정에서 스트레스가 대부분 해소되곤 합니다.

신나는 음악을 듣는다

합격비법 1 스트레스라는 부정적인 감정에 휘둘리지는 않지만 어쩔 수 없는 상황에 놓일 때 저는 기분을 회복하기 위해 좋아하는 신나는 음악을 듣습니다.

합격비법 2 신나는 음악을 듣다 보면 기분이 금세 좋아집니다. 시기마다 듣는 음악이 다른데, 최근 어머니가 좋아하는 이선희의 〈아름다운 강산〉을 들었더니 가수의 시원한 고음과 힘찬 멜로디가 기분을 좋게 해 스트레스 해소에도 좋으리라는 생각이 들었습니다.

18. 평소 체력 관리는 어떻게 하나요?

　승무원 업무는 그 성격상 체력에 무리가 가기도 한다. <u>스스로 꾸준히 체력을 관리하는 승무원이라야 일도 무사히 해낼 수 있을 터, 체력 관리에 소홀하지 않은 자신의 모습을 보여 주자.</u>

🔍 더 들여다보기 　내가 체력을 관리하기 위해 하는 것

꾸준히 하는 운동을 예로 드는 게 좋다(예: 수영, 요가, 걷기, 달리기, 줄넘기, 헬스, 골프, 테니스, 배드민턴, 마라톤, 태권도, 합기도 등).

> 합격비법 1 　나만의 체력 관리 방법 소개
> 합격비법 2 　체력 관리에 대한 보다 자세한 설명

 저녁 식사 후 집 앞 운동장 뛰기

합격비법 1 　저는 저녁 식사 후 한 시간 동안 집 앞에 있는 학교 운동장을 뛰거나 걸으며 체력 관리를 합니다.
합격비법 2 　좋아하는 음악을 들으며 혼자만의 시간을 가지며 운동도 할 수 있어 하루 중 제가 가장 좋아하는 시간입니다. 매일 이렇게 운동을 하다 보니 체력이 많이 길러진 것을 느낍니다. 최근 학교 동아리에서 등산을 간 적이 있는데, 동아리 회원 30명 가운데 오직 저만이 산행을 힘들어 하지 않았습니다.

매일 하는 1천 번의 줄넘기

합격비법 1　하루에 1천 번씩 줄넘기를 하면서 땀을 냅니다.

합격비법 2　매일 저녁 저희 집 옥상에 올라가 10분 동안 1천 회를 쉬지 않고 넙습니다. 짧은 시간 동안 높은 운동 효과를 가져오는 줄넘기는 제가 가장 즐겨 하는 운동입니다.

19. 자신의 영어 실력은 어느 정도입니까?

　글로벌한 활동 무대를 갖는 직업이니만큼, 미래의 승무원에게 영어 실력은 계속해서 강조될 자질이다. 영어를 잘하는 지원자라면 걱정할 필요가 없겠으나, 그렇지 않은 지원자라면 자신이 기본적으로 영어에 흥미를 갖고 있으며 앞으로 영어 공부를 하겠다는 강한 의지를 보여 주면 된다.

🔍 **더 들여다보기**　나는 어떻게 영어 공부를 하고 있나?

영어 라디오 청취, 영어 TV 프로그램 시청, 외국인 친구 사귀기, 전화 영어 강습, 영어 학원, 영어 학습지, 영어책 읽기, 영자 신문 해석, 영어 스터디 클럽 참여, 영어 스터디 블로그 방문 등

합격비법 1　기본 영어 실력에 대한 평가
합격비법 2　앞으로의 영어 공부에 대한 의지

　전화 영어 수업을 통해 꾸준히 공부

합격비법 1　저는 영어를 잘하는 편입니다만 스스로 만족을 못해 계속 공부하고 있습니다.

합격비법 2　커피숍에서 우연히 알게 된 외국인과 친구가 돼 영어로 자주 대화를 나눕니다. 그럴 때면 뿌듯해지기도 하지만, 보다 유창해지고 보다 현지인에 가까운 발음을 구사하고 싶은 욕심이 생겼습니다. 그래서 매일 아침 6시 30분에 시작하는 30분 전화 영어 수업을 휴일에도 빠지

지 않고 6개월간 듣는 중입니다. 최근 그 외국인 친구로부터 "영어 정말 많이 늘었다"는 말을 듣고 뛸 듯이 기뻤습니다. 앞으로도 노력을 계속해 더욱더 유창한 영어를 구사하고 싶습니다.

 ## 스터디 그룹을 통한 영어 공부 계획

합격비법 1 저는 영어 읽기도 좋아하고 팝송도 즐겨 듣는 등 영어에 흥미를 가지고 있음에도, 영어 점수가 그만큼 따라 주지 않아 속상합니다.

합격비법 2 영어에 대한 관심이 높은 만큼 앞으로 보다 체계적으로 영어를 공부할 생각입니다. 이 학교에 영어 학습 동아리가 있다고 들었습니다. 이 동아리에 들어가 늘 영어 공부를 할 수 있는 환경을 만들고, 적어도 매일 10분이라도 영어를 공부하는 계획표를 만들어 실천하려 합니다. 그렇게 해서 6개월 내로 토익 700점이라는 목표를 이루고 싶습니다.

20. 출신 고등학교를 소개해 보세요.

3년을 보낸 학교에 대해 애정을 담아 말한다. 무성의한, 겉핥기 식의 대답은 면접관으로 하여금 지원자의 성의 없는 학교생활을 상상하게 만들므로 주의하자.

🔍 더 들여다보기   나는 우리 학교의 어떤 면을 좋아했나?

학교 특성 (예: 학생들의 의견을 적극적으로 반영하는 학교 특성), 학교 특화 프로그램 또는 동아리 관련 내용, 학교 대외 활동 관련 내용, 선배의 활약상, 학교 운동부 활동 등

합격비법 1 학교의 장점이나 대표되는 이미지를 한 문장으로 간추리기
합격비법 2 자세한 내용 설명

 교정 풍경

합격비법 1 저희 고등학교는 교실뿐 아니라 교실 밖에서도 학습 활동을 할 수 있도록 교정이 꾸며져 있는데, 저는 이런 점을 정말 좋아했습니다.

합격비법 2 고지대에 자리한 덕분에 학교 주변을 내려다볼 수 있었던 데다, 동그랗게 모여 앉을 수 있는 의자가 교정 구석구석에 놓여 있습니다. 날씨가 좋을 때면 교실 밖으로 나가 팀 활동 같은 수업을 하거나 자연과 관련된 다양한 학습 자료로 수업이 이루어지기도 했습니다.

외국어 학습 기회 제공

합격비법 1 저희 고등학교는 '글로벌 인재를 양성하는 학교'라는 타이틀에 걸맞은 학교라고 자부합니다.

합격비법 2 일본과 중국에 자매 학교가 있어 우리 학교 재학생이면 누구나 외국인 교환학생과 교우 관계를 맺을 기회를 갖습니다. 덕분에 외국어 학습 의지가 높은 친구들이 많습니다. 저 역시 중국에서 온 교환학생 친구와 더욱 친해지기 위해 중국어 공부를 시작했고, 현재 중급에 해당하는 HSK 5급을 보유하고 있습니다.

21. 좋아하는 과목은 무엇이었나요?

좋아하는 과목을 솔직하게 말한다. 단, 해당 과목이 외국어와 관련된 것이면 해당 언어를 사용해 답해 보라는 추가 질문을 받을 수 있으므로 이에 대한 대비 또한 해 두어야 함을 명심한다. 학생부에서 등급이 가장 높은 과목을 선택하는 것도 자신의 장점을 드러낼 좋은 방법이다.

🔍 더 들여다보기   내가 특정 과목에 더 끌리는 이유

면접은 지원자가 가진 것, 특히 긍정적인 자질을 평가하는 자리이다. 내가 어떤 과목을 선택했다면 그 이유가 나의 긍정적인 자질, 즉 장점과 어떻게 연결될 수 있는지 생각해 보자.

- 영어 : 더 넓은 세계를 경험하기 위해 영어는 필수라 생각. 이는 여러 나라 사람을 응대해야 하는 승무원 업무에도 도움이 될 것
- 수학 : 복잡하고 어려운 문제를 풀고 난 뒤의 성취감. 논리적인 사고에 이은 문제 해결능력은 승무원에게도 필요한 자질이라 여김
- 과학 : 학생들이 뭔가를 직접 해 보는 수업이라 흥미진진한 면이 강점. 실험을 할 때는 주의력과 조심성이 요구되는 만큼 덜렁대던 성격이 차분해지고 집중력이 향상됨. 이는 승무원이 되는 데도 도움이 될 자질일 것
- 사회 : 평소 뉴스로 접하는 세상 이야기에 관심이 많은데, 사회 과목에서 배우는 내용을 기반으로 뉴스를 보니 훨씬 이해가 쉽고 문제를 보는 시야가 넓어져 사회 과목에 매력을 느낌. 나를 둘러싼 지역사회, 국가, 세계 및 문화 전반에 대한 관심은 세계인을 상대로 일하는 승무원이 갖추어야 할 자질이라 생각

합격비법 1) 좋아하는 교과목 말하기
합격비법 2) 이유 설명

영어

[합격비법 1] 저는 영어를 좋아합니다.

[합격비법 2] 영어를 좋아하는 만큼 더 공부하고 공부를 하는 만큼 시험 점수가 잘 나온다고 느낄 때마다 승무원이라는 꿈이 현실이 되는 것 같아 더욱더 좋아집니다.

 국어

[합격비법 1] 저는 국어를 좋아합니다.

[합격비법 2] 국어 공부를 하면서 접하게 되는 여러 문학 작품 읽는 것을 좋아하기 때문입니다. 수업에서 일부만 다루는 문학 작품을 직접 읽어 보고 싶어 도서관에 찾아가는 일도 많았습니다.

22. 고등학교 때 좌절했던 경험을 하나만 말해 보세요.

　지원자들 모두가 학생이므로 학생으로서 겪은 가장 큰 좌절로 '성적 하락'을 꼽는 것은 어찌 보면 당연하다. 하지만 학생의 삶에 공부만 있는 것은 아니다. '좌절'의 범위를 넓게 보기를 권한다. 고등학교 생활을 돌아보고 솔직한 답변을 하자.

🔍 **더 들여다보기**　나에게 좌절을 가져다준 경험

오해로 불거진 친구와의 불화, 공모전 지원 탈락, 라이벌 경쟁에서의 패배, 내가 세운 목표를 실천하지 못한 것, 내 실수로 인한 착오 등

합격비법 1　좌절한 경험을 한 문장으로 정리해 말하기
합격비법 2　경험에 대한 설명
합격비법 3　좌절을 극복하고 이를 긍정적으로 활용한 나만의 개선책

 부족한 영어 실력

합격비법 1　고등학교 1학년 때 영국에 사는 이모를 만나려고 혼자 영국에 간 일이 있는데, 당시 영어로 소통이 잘 안 돼서 크게 좌절하고 말았습니다.
합격비법 2　항공료 절약과 다양한 경험을 위해 중국과 스위스를 경유하는 항공편을 이용하기로 했는데, 여행 당일, 두 나라를 거치기로 한 패기는 온데간데없이 스위스 공항에서 게이트를 혼동해 하마터면 영국행 비행기를 놓칠 뻔 했습니다. 스위스 공항 직원과 영어로 나눈 대화에서

제가 잘못 알아듣는 바람에 길을 잃고 만 것입니다.

합격비법 3 그때 제 영어 실력에 크게 실망한 탓에 이후 저는 영어 공부를 더욱 열심히 하게 되었습니다.

 지식이 부족함을 느낌

합격비법 1 고등학교 때 서울 지역 고등학교 독서 모임에 가입한 적이 있습니다. 그때 제 부족한 지식 때문에 좌절을 맛봤습니다.

합격비법 2 평소 책을 좋아하고 많이 읽어 온 저였기에 모임에 들어가 활발한 활동을 펼 수 있으리라는 기대가 컸습니다. 그러나 막상 들어가 보니 모임에는 성적 상위 1% 내 학생들이 대부분이었고, 그 때문인지 독서 후 토론을 하면서 그 친구들에 비해 제 지식이 턱없이 얕다는 것을 느끼고 좌절했습니다.

합격비법 3 이후 저는 읽은 책에서 배운 점이나 느낀 점을 메모하는 습관을 들였고, 이것이 차곡차곡 쌓여 저만의 지식 창고가 되었습니다.

23. 자신을 한 단어로 표현해 보세요.

　자신의 강점을 함축해 보여 주는 단어를 고른다. 답변을 듣는 면접관의 흥미와 궁금증을 유발하는 재치 있는 단어 선택으로 답변의 포문을 열자.

🔍 **더 들여다보기**　나를 표현하는 단어 찾기

- 와이파이(Wi-Fi) : 와이파이가 있으면 언제 어디서든 인터넷 접속이 가능하듯 나 역시 와이파이의 편리함을 닮은 그런 편리함을 승객에게 줄 수 있는 서비스인이다.
- 천리향 : 그 향이 천리를 간다는 천리향처럼 나도 내가 지닌 서비스 마인드를 널리 펼칠 수 있는 사람이다.
- 라면 : 언제 먹어도 질리지 않는, 다양한 맛으로 세계인의 사랑을 듬뿍 받는 라면처럼 나는 그 누구와도 부담 없이 어울릴 수 있는 사람이다.

합격비법 1 나를 표현하는 단어 말하기

합격비법 2 이유에 대한 설명

합격비법 3 설명에 대한 근거가 돼 줄 경험 소개

 담는 그릇에 따라 형태를 바꾸는 '물'

합격비법 1 저는 저를 '물'에 비유하고 싶습니다.

합격비법 2 물은 어떤 그릇에 담든 그릇에 맞게 제 형태를 바꿉니다. 그릇이 둥글든 기다랗든 물은 제 몸을 그에 맞춥니다. 저 역시 물처럼 그 어떤 곳에서든 잘 적응하는 사람입니다.

합격비법 3 부모님과 한 달간 유럽 여행을 다녀온 적이 있습니다. 유럽은

여러 나라가 국경을 맞대고 있지만 저마다의 문화적 특징은 분명합니다. 10여 개 나라를 돌아볼 계획을 세우며 저는 여행할 나라의 문화를 공부하고 예절도 익혔습니다. 여행을 시작하고 일주일이 지났을 때 저는 한 나라에서 다른 나라로 이동할 때마다 빠르게 적응하는 제 모습에 세계를 무대로 하는 직업을 갖고 싶다는 생각을 하기 시작했습니다.

 ## 우직한 노력을 상징하는 '우공이산'

합격비법 1 저는 '우공이산'이라는 고사성어로 저를 표현하겠습니다.

합격비법 2 하나의 목표를 위해 우직하게 노력하다 보면 산도 옮길 수 있다는 말입니다. 초등학교 때 UM(Uunaccompanied Minor: 동반자 없이 홀로 여행하는 어린이 승객)으로 일본에 가던 당시 품은 승무원이라는 꿈을 위해 저는 줄곧 노력해 왔기 때문입니다.

합격비법 3 그 첫 해외여행에서 승무원은 홀로 여행하는 제가 기댈 유일한 존재이자 따뜻한 마음을 가진 사람이었습니다. 강렬했던 첫인상 이후 저도 누군가에게 그런 사람이 되고 싶다는 생각을 했습니다. 그때 만난 승무원의 따뜻한 말투와 유창한 일본어는 제게 큰 자극이었습니다. 당시부터 지금까지 산을 옮기는 마음으로 일본어를 공부하며 승무원이라는 꿈을 키워 가는 중이며, 현재는 영어도 열심히 공부하고 있습니다.

24. 별명은 무엇인가요?

　개성의 긍정적인 면을 드러내는 별명을 말한다. 놀림거리가 될 법한, 면접 상황에 맞지 않는 별명은 피한다.

🔍 **더 들여다보기**　나의 별명

이제껏 별명이 없었던 지원자라면 "별명이 없습니다"라고 할 게 아니라, 나의 특징을 제대로 보여 줄 별명을 스스로 붙여 보는 것도 한 방법

합격비법 1　별명 말하기
합격비법 2　그 이유 설명하기

 동그란 '보름달'

합격비법 1　저는 '보름달'로 불립니다.
합격비법 2　얼굴이 하얀 데다 유난히 동글동글해서 친구들이 보름달이라고 부릅니다. 하지만 승무원이라는 목표를 세운 뒤 저는 이 면접을 위해 6개월 전부터 체중 조절에 들어가 5kg을 감량했습니다. 이후 동그랗던 얼굴이 다소 갸름해 보이는지 친구들이 '초승달'로 바꿔 부르기 시작해 한바탕 크게 웃기도 했습니다.

소식통 '네이버'

합격비법 1 저는 친구들 사이에서 '네이버'로 통합니다

합격비법 2 아침마다 신문을 읽는 아버지 때문인지 저는 등교 전 신문을 읽는 습관이 있습니다. 아침에 뉴스를 한가득 머리에 넣고 가는 덕분에 친구들이 제가 우리나라 소식통이라며 뉴스를 따로 검색할 필요 없이 저한테 물어보면 알 수 있다고 해서 네이버라고 부르기 시작했습니다.

25. 최근에 친구와 다툰 일이 있나요?

　인간관계에서 의견 충돌이나 대립은 충분히 발생할 수 있으며 종종 예고 없이 찾아오기도 한다. 이런 부정적인 상황에 놓인 지원자가 어떻게 현명하게 대처했는지 알아보려는 질문이다.

🔍 더 들여다보기　친구와 다툰 일이 없다면 어떻게 할까?

무난한 성격이라 갈등을 잘 겪지 않는 사람도 있을 것이다. 그래도 "저는 친구와 절대 다투지 않습니다"라는 말로 이어질 대화의 싹을 자르기보다는, 다소 사소하더라도 친구와 대립했던 일들을 떠올려 보도록 하자.

`합격비법 1` 다툰 경험 말하기
`합격비법 2` 상황 설명하기
`합격비법 3` 그 상황을 극복하고 개선한 방법

 오해가 부른 마찰

`합격비법 1`　친구와 별로 다투는 편이 아니라서 기억이 정확한지 모르겠지만, 고등학교 1학년 때 잠시 그런 일이 있었습니다.
`합격비법 2`　제가 자신의 험담을 했다고 오해한 친구와 다툰 것입니다. 제가 그 친구와 동명이인인 다른 친구 이야기를 한 것을 듣고 자기 얘기로 오해한 친구가 저를 나무란 일이었습니다. 저는 바로 상황을 설명하고 그 친구와 오해를 풀었습니다.
`합격비법 3`　그 일로 인해 어떤 상황에서든 친구에 대한 험담은 물론이고

부정적인 이야기를 쉽게 해서는 안 된다는 깨달음을 얻었습니다. '말 한 마디에 천 냥 빚도 갚는다'는 옛말이 괜히 있는 게 아니라는 생각을 했습니다.

 의견 충돌

합격비법 1 작년에 친구와 잠깐 다툰 일이 있습니다.

합격비법 2 학급 회의에서 교실 청소와 관련해 의견을 나누던 중이었습니다. 저와 의견이 다른 친구가 갑자기 소리를 지르며 제 의견에 반대 의사를 보였습니다. 저는 그 친구의 의견을 듣지도 않고 그 표현 방식에 화가 난 나머지 끝내 친구와 다투고 말았습니다. 결국 다른 친구들의 중재로 서로 진정하게 되었고, 그제야 차근히 각자의 의견을 설명하고 화해에 이르렀습니다.

합격비법 3 이 일을 겪으며 말하는 내용과 관계없이 상대의 표정이나 목소리의 높낮이, 그 어조가 오해를 불러 내용이 잘못 전달되기도 한다는 것을 깨달았습니다. 상대가 화를 내더라도 제가 덩달아 화를 내지 않는다면 마찰이 빚어지지 않음을, 또 그렇게 하는 것이 대화의 기술이라는 생각도 했습니다.

26. 부모님이 승무원이 되겠다는 (지원자의) 선택을 반대하지는 않나요?

솔직한 대답이 좋다. 만약 자신의 부모님이 승무원이 되는 것을 반대하는 입장이라면, 자신이 충분히 설득했으며 현재는 찬성한다고 대답하도록 한다.

[합격비법 1] 부모님의 입장 말하기
[합격비법 2] 상황 설명하기

 부모님의 전적인 지지

[합격비법 1] 부모님께서 승무원이라는 직업을 제게 추천하신 만큼 제 선택을 지지해 주십니다.
[합격비법 2] 제가 면접 준비를 하는 동안 부모님이 면접관 역할을 자처하시며 모의 면접을 도와주셨고 많은 피드백을 보여 주셨던 만큼, 저는 부모님의 전적인 지지를 받고 있습니다.

 반대하는 부모님을 설득

[합격비법 1] 사실 올해 초까지 부모님은 제가 승무원이 되는 것을 원치 않으셨습니다. 승무원이 위험한 직업이라고 생각하셨기 때문입니다.
[합격비법 2] 비단 저희 부모님뿐만 아니라 많은 사람들이 승무원은 위험

한 일이라는 오해를 하고 있습니다. 하지만 저는 비행기가 오히려 가장 안전한 이동 수단임을 부모님께 말씀드리고 통계 자료까지 보여 드렸습니다. 더불어 승무원이라는 직업이 갖는 매력, 일에 대한 제 의지를 피력했더니, 부모님은 제 열망이 그렇게 강한 줄 미처 몰랐다며 지금같이 준비하는 자세를 끝까지 유지한다면 반드시 승무원이 될 것이라고 응원해 주시기로 했습니다.

27. 승무원이 되어 가장 가고 싶은 나라나 도시는 어디인가요?

장소가 어디가 됐든 '승무원이 되어' 가고 싶은 곳을 솔직하게 말하고 그 이유를 덧붙여 풍부한 답변을 만든다.

🔍 더 들여다보기   예비 승무원이라면 해외 뉴스에 관심을!

승무원이 되어 가고 싶은 나라를 말할 때는 단순히 여행자의 마음이 되기보다는, 자신이 가고 싶어 한 곳이 불안한 정치적 상황이나 천재지변 등의 이유로 여행 '금지' 또는 '제한' 조치를 받지는 않았는지 앞서 살펴볼 필요가 있다. 외교부 홈페이지에 여행 금지 국가와 금지 기간이 고지돼 있으므로 참고하자.

합격비법1 승무원이 되어 가고 싶은 나라나 도시 말하기

합격비법2 이유 설명하기

 일본 오사카

합격비법1 저는 일본 오사카에 가고 싶습니다.

합격비법2 교환학생으로 저희 학교에 왔다가 저와 친해진 일본인 친구가 있습니다. 당시 서로의 꿈에 대해 이야기한 적이 있는데, 그 친구가 오사카에 살고 있습니다. 친구는 열심히 공부해 자동차 디자이너가 되겠다고 했고, 저는 승무원이 되고 싶다고 했습니다. 꿈을 이루어 다시 만나기로 했는데, 저는 후에 승무원 유니폼을 입고서 친구의 디자인 회사를 방문하겠다며 웃으며 약속했습니다. 이 약속을 지키고 싶습니다.

몰디브

합격비법 1 저는 몰디브에 가 보고 싶습니다.

합격비법 2 저희 이모가 신혼여행으로 몰디브에 갔다 왔습니다. 정말 아름다운 곳이었다며, 이모는 한 승무원과 대화하던 중에 그렇게 아름다운 곳에 일 때문에 자주 간다는 이야기를 듣고 정말 부러웠다고 했습니다. 그 말을 듣고 저 역시 승무원이 되어 일로써 몰디브에 가고 싶다는 생각을 하게 되었습니다.

28. 낮은 출산율 문제를 해결하는 방법은 무엇일까요?

　이 같은 유형의 시사 관련 질문에는 자신의 관점에서 원인을 파악하고 이를 해법과 연결해 대답하도록 한다. 평소 시사 상식을 갖추고 사회 이슈에 꾸준히 관심을 갖는다면 어렵지 않게 대답할 수 있다.

🔍 더 들여다보기　낮은 출산율의 원인과 그 대책

- 원인으로 꼽을 수 있는 것 : 미래 소득에 대한 불안, 자녀 양육에 들어가는 비용 상승, 라이프스타일 변화에 따른 가치관 변화, 가정과 직장에서 여전한 남녀 차별적인 상황 등
- 대책이 될 만한 것 : 취업 및 업무 환경 개선을 위한 노동자 · 기업 · 정부 · 교육 기관의 체계적인 협력, 도시 지역에서 정부 주도의 임대 주택 사업 강화, 여성 취업 여건 개선, 직원의 자녀 양육 환경에 대한 기업의 인식을 제고하는 행정적인 노력 등

`합격비법 1` 내가 보는 문제의 원인 말하기
`합격비법 2` 내가 생각하는 해법 제시

여성의 사회 참여에 어려움 없는 환경 만들기

`합격비법 1` 우선 저출산 문제의 원인을 제대로 아는 것이 중요할 것입니다. 저희 이모나 고모의 사례를 보더라도 커리어 유지를 위해 아이는 아직 낳고 싶지 않다고 했던 게 기억납니다. 즉 일하는 여성의 수가 늘어난 것이 현재의 낮은 출산율을 만든 원인 중 하나라고 볼 수 있습니다.
`합격비법 2` 여성 경제 활동 인구가 늘어난 만큼 육아에 대한 공공 서비스의 방향 및 직장 환경이 바뀌어야 하는 것입니다. 일하는 여성이 출산

후 업무에 복귀하는 데 어려움이 없어야겠고, 자녀를 양육하는 직원의 상황을 고려한 업무 환경을 조성하는 회사 차원의 노력이 이 문제를 해결할 하나의 방법이라고 말씀드리고 싶습니다.

 자녀 양육에 대한 가계 부담 낮추기

합격비법 1 현재의 낮은 출산율은 자녀 양육 및 교육에 들어가는 비용이 예전보다 늘어남으로써 가계에 큰 부담이 된 것이 원인이지 않나 합니다.

합격비법 2 따라서 이를 해결하려면 자녀 교육비 지원이나 정부 주도 임대 주택 사업 등의 경제적 지원이 일차적으로 요구되며, 추가적으로 출산이 갖는 공동체 기여도에 대한 인식 제고가 필요하다고 봅니다.

29. 과정과 결과 중 어느 쪽이 더 중요하다고 생각하나요?

　정답이 없는 질문이다. 둘 중 하나를 택한 다음, 왜 그렇게 생각하는지에 대해 자신의 경험에 근거한 구체적인 예를 들어 선택에 설득력을 부여하자. 누가 더 설득력 있게 의사를 전달하는가를 평가하는 질문이 되겠다.

🔍 **더 들여다보기**　과정과 결과, 중요한 건 어느 쪽?

- 과정이 중요한 이유 : 목표한 결과를 얻기 위해서는 일단 올바른 과정을 추구하는 것이 중요하기 때문, 무엇을 하든 사람은 과정을 통해 더 많은 것을 배우므로
- 결과가 중요한 이유 : 모든 노력의 이유가 바라는 결과를 얻기 위함이므로, 사회는 결국 결과를 통해 과정을 평가하기 때문

`합격비법 1` 나의 선택 말하기

`합격비법 2` 선택을 뒷받침하는 사례 설명

 과정이 더 중요하다

`합격비법 1` 둘 다 중요하지만 하나를 꼭 선택해야 한다면 저는 과정을 택하겠습니다.

`합격비법 2` 물론 현실에서는 결과를 더 중시하는 것을 잘 압니다. 하지만 저는 일의 결과보다 그 과정에 보다 무게를 두는 사회가 되었으면 합니다. 언젠가 성적이 크게 오른 한 친구에게 그 비결을 물은 일이 있는데,

친구가 교무실에 갔다가 우연히 시험지를 발견해 단지 문제를 먼저 본 것뿐이었다는 사실을 알고 화가 났습니다. 그렇게 얻은 점수는 결코 인정받을 수 없음을 잘 알고 있기에 저는 높은 점수가 하나도 부럽지 않았습니다.

 ## 결과가 더 중요하다

합격비법 1 저는 그래도 결과가 더 중요하다고 생각합니다.

합격비법 2 과정도 중요하지만 결국 평가 대상이 되는 것은 결과이기 때문입니다. 팀 프로젝트로 공모전에 참가한 경험이 있습니다. 당시 저희 팀원들은 모여서 아이디어를 짜고 나름 최선을 기울여 공모전 준비를 했는데, 이미 공모전 수상 경력이 있는 선배의 적극적인 지원을 받은 옆 팀이 결국 수상을 하게 되었습니다. 후에 부정행위가 밝혀졌지만, 수상이 번복되지는 않았습니다. 결국 현실에서는 과정보다 결과가 중요한 판단 기준이 된다는 것을 배운 경험이었습니다.

30. 마지막으로 하고 싶은 말이 있나요?

마지막으로 면접관에게 간절히 전하고 싶은 말을 하면 된다. 다만 자신 없는 모습으로 말하거나 당연히 합격하리라는 태도를 취하는 것은 바람직하지 않으며, 또 그 길이는 너무 길지 않은 것이 좋다.

🔍 더 들여다보기   마지막으로 무엇을 말할까?

• 면접 기회를 얻어 기쁘고 감사한 마음을 진솔하게 표현
• 끝으로 면접관에게 꼭 하고 싶은 말 전달
• 면접 도중 실수한 부분이 있다면 이를 만회하는 말을 덧붙임
• 면접에 최선을 다한 자신의 모습 강조
이 중 자신에게 해당되는 것 한 가지만을 골라 간결하게 말한다.

합격비법 1   솔직한 마무리 답변

 면접 답변 가운데 아쉬운 부분 보충

합격비법 1   앞서 제게 목표를 물어보셨을 때 말씀드리지 못한 부분이 있습니다. 지금 짧게 그 말씀을 드릴까 합니다. 저는 항공사 입사 후 다양한 경험을 쌓아 10년 후 항공사 서비스 매뉴얼을 만드는 작업에 참여하고 싶습니다. 이를 위해 이 학교에서 배운 내용을 토대로 예비 승무원의 모습을 갖출 것이며, 입사 후 승무원으로서 모든 경험과 배움을 차곡차곡 잘 쌓아 가도록 하겠습니다. 다시 한 번 답변 기회를 주셔서 감사합니다.

최선을 다한 자신의 모습 강조

합격비법 1 '하늘은 스스로 돕는 자를 돕는다'는 말이 있습니다. 저는 최선을 다했습니다. 좋은 결과를 기다리도록 하겠습니다.

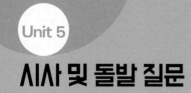

시사 및 돌발 질문

1. 시사 질문 답변 요령

　지원자의 시사 문제에 대한 이해와 관심, 상식을 알아보는 질문이다. 질문 내용을 잘 알고 대답하는 게 최선이겠으나, 만약 모르는 내용이라면 이를 솔직히 말하고 앞으로 해당 부문에 대해 관심을 갖겠다는 긍정적인 내용으로 마무리하면 된다. 지원자가 해당 내용을 모른다는 것이 면접 당락에 큰 영향을 주지는 않는다. 섣불리 아는 척하며 답변하다 잘 모른다는 사실이 드러나는 쪽이 오히려 안 좋다. 내용을 모르더라도 당황하지 않고 끝까지 여유를 잃지 않는 게 중요하다.

　면접관의 질문을 잘 듣고 자신이 알고 있는 내용을 논리적으로 정리해 대답하면 된다. 답변이 너무 길어지지 않도록 주의하고 두괄식으로 답하는 것을 잊지 말자.

1) 시사 문제 파악 여부를 묻는 질문
　면접관의 질문에 들어 있는 키워드의 의미를 알아야 대답할 수 있다. 평소 시사용어를 정리하고 숙지하는 습관이 필요하다. 미리 준비해 알고 있는 내용을 정확하고 간결하게 말하고, 사전적 의미를 설명하듯 말하기보다 지원자의 이와 관련된 경험을 더해 답변을 구성하면 솔직하고 흥미로운 답변이 된다는 점도 기억해 두자.

최저임금 인상에 대해 알고 있나요?

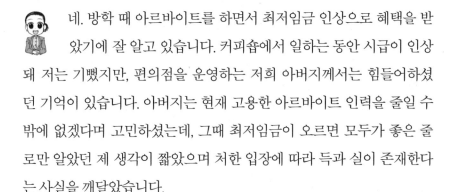

네. 방학 때 아르바이트를 하면서 최저임금 인상으로 혜택을 받았기에 잘 알고 있습니다. 커피숍에서 일하는 동안 시급이 인상돼 저는 기뻤지만, 편의점을 운영하는 저희 아버지께서는 힘들어하셨던 기억이 있습니다. 아버지는 현재 고용한 아르바이트 인력을 줄일 수밖에 없겠다며 고민하셨는데, 그때 최저임금이 오르면 모두가 좋은 줄로만 알았던 제 생각이 짧았으며 처한 입장에 따라 득과 실이 존재한다는 사실을 깨달았습니다.

🔍 기출문제

- 욜로족이 무엇을 의미하는지 알고 있나요?
- 사회화의 기능이 무엇인지 알고 있나요?
- 인구 절벽이라는 말을 알고 있나요?
- 4차 산업혁명이란 무엇인지 말해 보세요.
- 비트코인에 대해 알고 있나요?
- 블록체인이라는 용어를 알고 있나요?
- 얼리 힐링족이 무엇을 의미하는지 알고 있나요?
- 스몸비라는 용어를 알고 있나요?
- 디지털 디톡스가 무엇인가요?

2) 특정 사안에 대한 찬성, 반대를 묻는 질문

　지원자 본인의 입장(찬성 또는 반대)을 설득력 있는 근거를 바탕으로 표명하되, 그 반대 입장을 무시하지 않는다. 먼저 나의 입장을 밝히고 반대하는 입장에서 제시할 만한 이유와 관련 문제에 대한 대안, 해결 방법까지 제시하는 것으로 답변을 마무리하는 게 무난하다.

CCTV 설치 확대에 찬성하나요, 반대하나요?

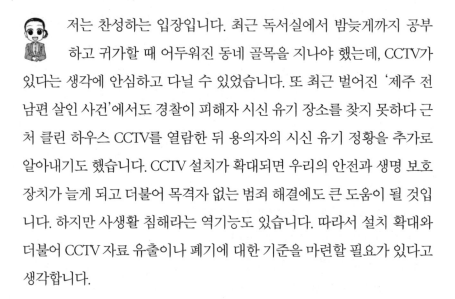

　저는 찬성하는 입장입니다. 최근 독서실에서 밤늦게까지 공부하고 귀가할 때 어두워진 동네 골목을 지나야 했는데, CCTV가 있다는 생각에 안심하고 다닐 수 있었습니다. 또 최근 벌어진 '제주 전 남편 살인 사건'에서도 경찰이 피해자 시신 유기 장소를 찾지 못하다 근처 클린 하우스 CCTV를 열람한 뒤 용의자의 시신 유기 정황을 추가로 알아내기도 했습니다. CCTV 설치가 확대되면 우리의 안전과 생명 보호 장치가 늘게 되고 더불어 목격자 없는 범죄 해결에도 큰 도움이 될 것입니다. 하지만 사생활 침해라는 역기능도 있습니다. 따라서 설치 확대와 더불어 CCTV 자료 유출이나 폐기에 대한 기준을 마련할 필요가 있다고 생각합니다.

기출문제

- 성형수술에 대해 찬성하나요, 반대하나요?
- 유기 동물 안락사에 대해 찬성하나요, 반대하나요?
- 난민 수용에 대해 찬성하나요, 반대하나요?
- 수학여행 폐지에 대해 찬성하나요, 반대하나요?

- 카풀 서비스에 찬성하나요, 반대하나요?
- 베이비박스 설치에 찬성하나요, 반대하나요?

3) 시사 문제 및 문제에 대한 지원자의 의견을 묻는 질문

시사 문제가 가리키는 내용뿐 아니라 그에 대한 본인의 의견까지 말해야 하는, 난이도가 높은 질문이다. 질문에 나온 문제에 대한 '원인'을 설명하고 자신이 아는 내용을 바탕으로 해당 문제의 '해결 방안'을 제시하고 마무리하면 된다.

SNS에서 사용되는 줄임말에 대해 어떻게 생각하나요?

저는 SNS에서의 줄임말 사용 문제가 심각하다고 생각합니다. 저희 가족은 3대가 참여하는 단체 채팅방을 운영 중인데, 저와 사촌동생이 쓰는 줄임말을 할머니께서 이해하지 못하시는 걸 보고 줄임말 사용이 세대 간 소통에 방해물이 될 수 있겠다는 생각을 했습니다. 주위 친구들은 맞춤법과 상관없이 내용이 빠르고 재미있게 전달된다는 이유로 줄임말을 즐겨 사용합니다. 그런 즐거움을 저도 모르진 않으나 점점 커져 가는 기성세대와의 소통 단절 문제가 이런 식으로 앞으로 더 심각해지지 않을까 하는 우려를 친구들에게 전했더니 많이들 공감해 주었습니다. 분명 저희 세대의 일상 대화에서 줄임말이 차지하는 비중은 큽니다. 줄임말과 표준어의 '평화로운' 공존을 위해 제도적인 방안을 마련할 수도 있지 않을까 생각해 보기도 합니다.

🔍 기출문제

- 청년 실업 문제에 대해 어떻게 생각하나요?
- 저출산 문제에 대한 생각을 말해 보세요.
- 블라인드 면접에 대한 본인의 생각은 어떤가요?
- 수도권 미세먼지가 심각해지고 있습니다. 이러한 '환경오염' 문제에 대해 본인은 얼마나 민감하다고 생각하나요?
- 저비용 항공사의 부가 서비스 유료화에 대해 어떻게 생각하나요?
- 한국 사회에서 여성의 고용률이 남성보다 낮은 데는 무엇이 원인일 수 있을까요?
- 직장 내 괴롭힘에 대해 어떻게 생각하나요?
- 청소년의 화장에 대해 어떻게 생각하나요?

2. 돌발 질문 답변 요령

돌발 질문은 대개 지원자의 센스를 보려는 것이 목적이므로 적정한 선의 유머나 본인만의 재치를 발휘해 보자.

1) 상상력이 필요한 질문

질문 자체를 유연하게 받아들일 필요가 있다. 이 질문에 정답은 없으며, 지나치게 진지하거나 진부한 답변은 NG이다. 이런 질문에 재기 넘치는 답변을 한 지원자라면 '계속 대화하고 싶은 사람'이라는 인상을 줄 수 있다.

앞이 보이지 않는 사람에게 파란색을 설명해야 한다면?

잠들기 전 불을 다 끈 어두운 방에서는 귀가 예민해지는 것을 느낍니다. 오감 중 하나가 제한된다면 나머지 다른 감각이 발달하리라 여겨지기에 시각을 잃은 사람에게 소리나 맛을 이용해 파란색을 설명하고 싶습니다. 제게 파란색은 '슈팅스타'라는 이름의 아이스크림을 떠올리게 합니다. 그래서 이 아이스크림을 맛보게 하고 싶습니다. 이 아이스크림이 파란색이기도 하지만 아이스크림 안에 입안에서 톡톡 터지는 사탕이 들어 있어 먹을 때 청량감을 줍니다. 파란색은 슈팅스타를 베어 물 때의 느낌과 같은 색이라고 말해 주겠습니다.

🔍 기출문제
• 길을 걷다 100만 원을 줍는다면 어떻게 하겠어요?

- 투명인간이 된다면 가장 하고 싶은 것은?
- 나에게 세 가지 소원을 들어주는 요술램프가 있다면?
- 타임머신이 있다면 가 보고 싶은 시대는?
- 우주에 외계인이 있다고 생각하는지?
- 내일 지구가 멸망한다면 오늘 무엇을 하고 싶나요?

2) 주어진 대상을 한 단어에 비유하는 질문

뻔하게 연상되는 대상보다는 의외의 비유 대상을 찾아보자. 면접 관이 생각지도 못한 연결 고리를 들어 재치 있게 이유를 설명해 나가 며 면접관의 관심을 끌도록 한다. 이치에 맞지 않는, 억지스러운 연 결이 되지 않도록 주의한다.

'공항'을 한 단어로 표현한다면?

저는 '공항'을 생각하면 '새 옷'이 떠오릅니다. 어려서부터 공항 은 어머니가 제게 새 옷을 사 주실 때 느끼던 기쁨과 흥분을 가 져다준 장소이기 때문입니다. 공항에서 보는 사람들은 저마다 바쁜 모 습이지만, 새로운 만남을 기대하거나 좋은 추억을 안고 돌아가는 행복 한 얼굴들을 하고 있습니다. 새 옷을 입어 볼 때의 제 기분이 꼭 그렇습 니다. 제게 있어 공항은 '새 옷'입니다.

기출문제
- '미소'를 한 단어로 표현한다면?
- '승무원'을 한 단어로 표현한다면?
- '우리 학교'를 한 단어로 표현한다면?

- 현재까지의 '나의 삶'을 한 단어로 표현한다면?
- 우리 학과 과복을 한 단어로 표현한다면?
- '최고의 서비스'를 한 단어로 표현한다면?
- 자신의 고등학교 생활을 한 단어로 표현한다면?

3) 지원자를 압박하는 질문

질문자의 의도를 생각할 필요가 없는 질문이다. 황당하고 때로는 공격적으로 느껴지는 질문에 지원자는 감정적으로 반응하지 않도록 한다. '내게 왜 이런 질문을 하시지?', '나를 면접에서 떨어뜨리려는 건가?' 같은 걱정을 하거나 부정적인 추측은 금물이다. 면접관은 지원자를 당황하게 만들고 이에 대한 지원자의 대응을 보고자 하는 것이므로 압박 질문을 받더라도 당황하지 말고 의연하게 대답한다.

면접 복장으로 교복을 입었는데 잘 어울리지 않네요.

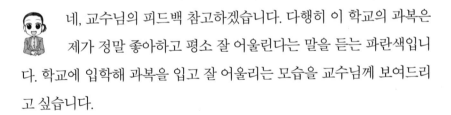

네, 교수님의 피드백 참고하겠습니다. 다행히 이 학교의 과복은 제가 정말 좋아하고 평소 잘 어울린다는 말을 듣는 파란색입니다. 학교에 입학해 과복을 입고 잘 어울리는 모습을 교수님께 보여드리고 싶습니다.

기출문제

- 우리 학교에 불합격한다면?
- 이 면접에서 누군가를 떨어뜨린다면 누구를 떨어뜨리겠습니까?
- 미소 짓는 게 어색하네요. 평소 잘 웃지 않나요?

면접 기출문제 유형별 답변 Tip

　면접에서 나올 수 있는 질문의 유형은 무한하다. 그러나 모든 질문은 '승무원이 되고자 우리 학교 항공서비스과에 입학하려는 지원자의 의지와 역량'을 들여다보겠다는 하나의 목적을 갖는다. 따라서 이를 이해하고 질문에 대비한다면 질문에 대한 두려움을 줄일 수 있을 것이다. 여러분의 면접 준비를 보다 수월하게 만들고자 하나의 뿌리에서 시작하는 질문들을 유형별로 정리해 보았다. 항목별로 제시된 답변 작성 팁을 참고해 나만의 답변을 준비해 보자.

1. 좋아하는 것, 싫어하는 것

　우선 이런 질문이 나오는 이유를 생각해 보면 이 질문에 어떻게 대답해야 할지 방향이 잡힐 것이다. 좋아하거나 싫어하는 것을 물음으로써 면접관은 지원자의 성향을 파악할 수 있다는 것을 알고 답변을 준비한다. 꾸며낸 듯 진부한 답변이 아닌 솔직한 내용으로 구성해야 하는 점을 잊지 말자.

1) 좋아하는 것을 묻는 질문
즐겨 보는 TV 프로그램에는 어떠한 것이 있는지?

가장 좋아하는 영화배우가 있다면?

좋아하는 계절은 무엇이며, 그 이유는 무엇입니까?

좋아하는 음식은 무엇입니까?

하루 중 가장 좋아하는 시간은 언제입니까?

가장 좋아하는 나라/도시는 어디입니까?

가장 좋아하는 색은 무엇입니까?

평소 가장 자주 읽는 분야의 책은 무엇입니까?

1년 열두 달 중 가장 좋아하는 달은 언제입니까?

함께 일하고 싶은 사람의 유형은?

좋아하는 스포츠는?

좋아하는 과목은?

Good!

- 좋아하는 이유에 대한 부연 설명이 진부하지 않은 센스 있는 답변
   Tip 좋아하는 음식 – 나만의 레시피를 설명하면서 구성한다
- 원만한 대인관계를 지닌 지원자의 성향이 녹아든 답변
   Tip 좋아하는 계절 – 해당 계절에 맞는 야외 활동 등 주변 사람과 함께 즐기는 스포츠 등을 이유로 설명한다

Bad!

- 승무원 직무에 억지로 연결한 답변
- 팀워크에 방해되는 특이한 성향이 녹아든 답변
   Tip 혼자 하는 것을 선호한다, 낯을 많이 가린다, 자기주장이 강하다, 이겨야 직성이 풀린다 등과 같은 성향이 드러나지 않게

2) 싫어하는 것을 묻는 질문

싫어하는 성향의 친구와 그 이유는 무엇입니까?

싫어하는 음식은 무엇입니까?

최근에 가장 보기 꺼려지는 TV 프로그램이 있다면 무엇입니까?

싫어하는 스포츠가 있습니까?

가장 하기 싫은 일은 무엇입니까?

싫어하는 색이 있습니까?

싫어하는 계절을 꼽는다면?

Good!

• 싫어하는 이유가 타당하고 설득력이 높을 때

   Tip 싫어하는 친구 성향 – 약속을 자주 어긴다, 거짓말을 자주 한다 등과 같은 공감이 가는 이유

Bad!

• 싫어하는 이유가 지나치게 극단적일 때
• 공감하기 어려운 답변

2. 정의 내리기

　　지원자가 정의해야 하는 대상에 대해 아는지 여부를 평가하는 질문이 아니다. 면접관은 지원자가 잘 아는 대상에 대한 본인만의 정의를 묻고 이를 표현하는 방법을 보고자 한다. 사전적인 정의가 아니라 나의 가치관과 경험을 통해 배우고 느낀, 대상에 대한 나만의 정의를 담은 재치 있는 답변을 만들어 보자.

1) 의미를 아는 것을 묻는 질문

배려란 무엇인가요?

서비스에 대해 정의해 본다면?

인사, 경청, 첫인상은 무엇인가요?

미소, 역지사지, 경청, 배려란 무엇인가요?

고객 만족은 무엇이라고 생각합니까?

기내 서비스를 한마디로 정의한다면?

승무원을 정의해 보세요.

도전을 정의해 보세요.

안전이란 무엇인가요?

팀워크란 무엇인가요?

리더가 무엇인지 정의해 보세요.

좋은 서비스란 무엇인가요?

직업이란 무엇인가요?

Good!

* 생각지도 못한 재치 있는 답변
* 경험을 바탕으로 나만의 정의를 내린 답변
  Tip 도전을 정의하면서 과거 도전한 경험을 덧붙여 구성한다
* 정의 대상을 익숙한 사물에 비유하고 해당 이유에 재치와 설득력을 담은 답변
  Tip 서비스를 정의하며 '어렸을 때 어머니가 싸 주신 도시락'에 비유 – 반찬
  이 뭘까 늘 기대하게 되는, 정성이 느껴지는 것

Bad!

* 누구나 다 아는 사전적 정의를 설명하는 답변

- 공통 질문인 경우 옆 지원자와 동일한 내용의 답변

2) 의미를 모르는 것을 묻는 질문

문화상대주의를 정의해 보세요.

워라밸을 정의해 보세요.

워커밸을 정의해 보세요.

조인트 벤처를 정의해 보세요.

그루밍족에 대해 알고 있나요?

퍼플칼라가 어떤 사람들을 말하는지 알고 있나요?

알파세대의 정의를 알고 있나요?

Good!
- 모르는 것은 모른다고 밝히고 앞으로는 관련 내용에 관심을 갖도록 노력하겠다고 덧붙인 답변
- 모른다고 밝히는 데 그치지 않고 예상하는 바를 능력껏 추측해 구성한 답변

Bad!
- 아는 척 정확하지 않은 내용을 말하는 답변

3. 롤플레잉

롤플레잉(기내 상황극) 관련 질문은 지원자가 해당 문제를 해결할 정답을 알고 있는지 확인하려는 목적을 갖지 않는다. 항공사마다 그 해결책은 다를 수 있으며 상황에 따라 대처 방식이 바뀔 여지가 있기에, 지원자는 정답을 찾기보다는 자신의 서비스 경험, 대인관계 경

험, 지식, 문제 해결 능력, 승무원 업무에 대한 이해도를 답변에 녹여내도록 한다. 지원자의 서비스 경험 및 대처 능력을 보고자 하는 질문이다.

1) (나 또는) 동료의 실수로 인해 승객이 불편을 겪는 상황

승객에게 커피를 쏟았다면 어떻게 하겠습니까?

일행끼리 좌석이 떨어졌다고 불만을 제기하는 경우

음식에 머리카락이 들어갔다고 불평하는 승객

카트를 밀며 기내를 이동하다 좌석에 앉아 있는 손님의 발을 카트로 쳤을 때

승객이 원한 신문을 잘못 가져다드렸을 때

콜 벨 호출 후 한참이 지나 찾아온 승무원에게 승객이 화가 났을 때

화장실이 더럽다고 불만을 말하는 경우

Good!
- 가장 먼저 승객에게 사과한다 → 문제를 해결할 대책을 강구한다 → 비행하는 동안 승객에게 불편함이 없는지 계속해 살피고 선임 승무원에게 해당 내용을 보고한다
- 자신이 과거 이와 비슷한 문제를 해결했던 경험으로 구성한 답변

Bad!
- 사과 없이 문제부터 해결하려 드는 답변
- 타 직원의 실수를 탓하기만 하는 답변

2) 다른 승객 때문에 불편을 겪는 승객이 불만을 제기한 상황

본인 자리에 다른 사람이 앉아 있어 어떻게 된 것인지 묻는 승객

옆 사람의 땀 냄새가 심해 자리를 바꿔 줄 것을 요구하는 승객

아이가 콜 버튼을 이유 없이 계속 누르는 상황

식사 서비스 시간에 좌석 등받이를 뒤로 젖힌 채 수면 중인 승객이 있다
면 어떻게 하겠는가

뒷좌석 아이가 앞좌석 등받이를 계속 발로 차는 상황

큰 소리로 대화하는 다른 승객 때문에 불편을 호소하는 승객

Good!
• 제기된 불만 사항을 적극적으로 해결하려는 노력이 드러나는 답변

  Tip 문제를 유발한 원인이 다른 승객이기에 승무원도 어쩔 수 없다는 식으
  로 말하지 않고 문제의 승객에게 다가가 문제를 해결하고자 적극적으로
  대화를 시도하는 자세를 보여 준다

• 불편을 야기한 승객이 민망하지 않게 먼저 그 승객의 상황을 이해하고 발생한
  문제를 공유하도록 안내하는 답변

• 과거 이와 비슷한 문제를 해결했던 경험으로 구성된 답변

Bad!
• 문제를 일으킨 승객 탓으로만 돌리려는 어조의 답변

3) 응급처치가 필요한 상황

멀미하려는 승객

속이 메스껍다는 승객

귀가 아프다는 승객

복통을 호소하는 승객

코피가 나는 승객

지혈이 필요한 승객

Good!

- 응급처치에 대한 기본 상식이 추가된 답변
    - **Tip** 상처 부위를 먼저 깨끗한 물로 씻어 지혈하고, 코피는 승객의 고개를 앞
      으로 숙이게 해 지혈, 기압차로 인한 귀 통증을 호소하는 승객에게 물을
      마시게 하거나 하품을 유도 등
- 다른 승무원과의 팀워크를 통해 문제를 해결하려는 답변
- 과거 이와 비슷한 문제를 해결한 본인의 경험이 들어간 답변

Bad!

- 응급처치에 대한 기본 상식을 거스르는 내용
    - **Tip** 바늘로 손을 따는 행위, 효과가 입증되지 않은 민간요법을 사용한 처치
      는 금물

4) 불가항력의 상황

출발이 지연되어 불평하는 승객

심한 터뷸런스(난기류)에 대해 불평하는 승객

기내에서 서비스하지 않는 음료를 요구하는 승객

기내에 비치된 담요가 없음에도 담요를 요구하는 승객

승객이 원하는 신문이 다 서비스되고 없는 상황

승무원의 연락처를 요구하는 승객

착륙 준비 상황에서 창문 덮개를 닫아 두겠다며 승무원의 안내를 따르
지 않는 승객

Good!

- 불가항력의 상황이지만 죄송하다고 말하고, 문제 자체를 해결하기는 어려운 상황이므로 다른 방법으로 승객의 불편을 최소화하거나, 승객의 만족도를 높일 대안을 제시하는 답변

    Tip 춥다는 승객에게 제공할 담요가 없다면 따뜻한 음료수 서비스도 가능

Bad!

- 어쩔 수 없다는 어조로 문제에 대한 소극적인 대처를 보여 주는 답변

4. 항공사 이용 경험 및 항공업계에 대한 이해

승무원 직무에 대한 기본적인 이해는 지원자가 승객의 눈으로 항공사와 승무원을 바라본 데서 출발할 것이다. 이를 기반으로 미래에 항공사에 입사하려는 지원자로서 보다 적극적인 관점에서 답변을 만들도록 한다.

1) 항공사 이용 경험을 묻는 질문

이용해 본 항공사가 있나요?

서비스가 좋은 항공사는 어디라고 생각합니까?

항공사 이용 경험 중 가장 기억에 남는 것은 무엇입니까?

이용한 항공사 중 좋지 않은 경험을 한 회사가 있나요?

가장 긍정적인 이미지를 남긴 승무원은 어느 항공사였나요?

Good!

- 자신의 경험을 솔직하고 상세하게 표현한 답변

Tip 항공사의 엔터테인먼트 서비스 참여 경험 및 만족한 이유를 말한다

• 항공사 이용 경험을 긍정적으로 잘 표현한 답변

Tip 승무원의 친절과 배려를 경험한 사례, 만족스러웠던 항공사 서비스, 불
만족한 서비스나 직접 본 승무원의 적절한 문제 해결 사례 등을 언급한
다

Bad!

• 항공사 이용 경험이 없어도 쉽게 말할 수 있는 진부한 내용의 답변

• 옆 지원자와 비슷한 내용의 답변

• 저비용 항공사와 메이저 항공사의 물적 서비스를 단순 비교해 이 때문에 좋았
다고 말하는 답변

Tip 저비용 항공사에는 없는 특정 음료 메뉴가 만족스러웠다거나 하는 표현
은 삼간다

2) 항공업계에 대한 이해도를 묻는 질문

LCC와 FSC의 차이에 대해 말해 보세요.

항공사 광고 중 생각나는 것은 무엇이며, 그 광고를 보고 느낀 점을 말
해 보세요.

항공사에서 서비스가 중요한 이유에 대해 설명해 보세요.

항공사의 승무원 이미지가 중요한 이유에 대해 설명해 보세요.

항공사 유니폼의 기능은 무엇인지 설명해 보세요.

최근 한 국내 항공사가 기내 가상현실(VR) 서비스를 통해 게임, 공연 등
다양한 콘텐츠를 체험해 보게 하는 서비스를 시작했는데, 기업이 이러
한 콘텐츠를 개발한 이유는 무엇이라고 생각하나요?

국제 유가 상승이 항공 운임에 미치는 영향에 대해 설명해 보세요.

Good!
- 비록 답변이 높은 이해 수준을 담고 있거나 상세하지 않더라도 항공업계에 대한 전반적인 이해도가 잘 드러난 답변

Bad!
- 이해도가 낮은 경우 이를 솔직히 말하기보다 질문에 대해 본인이 추측한 생각을 일반적인 사실인 듯 표현하는 답변

  Tip 'LCC와 FSC 간에는 단순히 규모 차이만 있을 뿐이다'라고 단정하면 NG! – 대형이냐 소형이냐가 중요한 게 아니라 서로 다른 비즈니스 모델로 이해하는 것이 옳으므로.

  '유류세가 인하되면 유류할증료도 무조건 인하된다'도 NG! – 국제선의 경우 항공유는 면세 항목인 까닭에 유류세 변동에 따른 유류할증료 변화가 크지 않음

5. 지원하는 학교

지원하는 학교에 대한 정보를 숙지하는 것은 필요조건일 뿐만 아니라 해당 학교 면접관에 대한 기본 예의이다. 지원자가 갖춘 지원 학교(학과)에 대한 지식, 설득력 있는 지원 동기는 그 학교에 입학하려는 지원자의 의지와 열정을 대변한다. 학교 홈페이지 등에서 교내 프로그램, 수업 내용, 그 밖에 해당 학교만의 특이 사항을 살펴보고 이를 활용해 입학 의지를 드러내자.

우리 학교에서 가장 마음에 드는 점은 무엇인가요?
정복 착용에 대해 어떻게 생각하나요?

학교에 대한 첫인상을 말해 보세요.

선후배 간 가장 중요한 점은 무엇일까요?

(면접실) 밖에 있는 선배들에게 받은 이미지를 말해 보세요.

Good!

• 해당 학교에 입학하고자 하는 강한 의지가 담긴 답변

> **Tip** 학과 프로그램, 학과의 장점, 학과 특성 등을 잘 정리해 말함으로써 학교에 대한 공부가 잘 되어 있음을 피력한다. 이는 '우리 학교에 들어오려는 의지가 강한 학생'이라는 인상을 남긴다

• 학교 관련 정보에 대한 정확하고 구체적인 내용이 담긴 답변

• 누구나 언급하는 내용이 아닌 지원자만의 의지와 열정이 표현된 답변

Bad!

• 타 학교에도 해당되는 내용일 때

• 학교에 대해 잘 알지 못하는 게 드러나거나 답변하는 지원자가 머뭇거리는 모습을 보일 때

기내 방송문

기내 방송은 승객의 안전하고 편안한 비행을 위해 필요한 정보를 제공하는 중요한 기능을 지닌다. 따라서 승무원에게 밝고 경쾌하며 전달력 높은 스피치가 요구된다. 승무원은 기내의 일상적인 상황은 물론 예기치 않은 돌발 상황에서도 침착하게 안내 방송을 진행해, 승객에게 필요한 정보를 전달하고 특정 상황에 대한 승객의 불안감을 낮춘다. 다음의 일반적인 기내 방송 예문은 승무원 준비생에게 기내 상황을 이해하는 도구가 될 뿐만 아니라 바른 언어 습관을 익히는 잣대가 된다. 꾸준히 연습해 읽기 능력과 더불어 좋은 언어 습관을 기르자.

기내 방송을 할 때는 친절한 어조로 정보 전달이라는 목적에 맞게 알맞은 목소리 크기로 내용을 명확하게 읽어야 한다. 방송에서는 대개 한정된 단어를 사용하게 되므로 해당 단어는 미리 숙지해 두자. 발음에 특히 유의해야 하는 단어는 표시해 놓고 연습한다.

유의할 발음

1) aisle[aɪl] : s 묵음

2) fasten[fæsn] : t 묵음

3) in the aircraft : 모음 앞의 the는 [ðə]가 아닌 [ði]로 발음

4) 편수(Flight Number) 읽기 :

숫자는 한 자리 단위로 끊어 읽고 '0'은 'zero'로 읽는다.

단, 0이 숫자 가운데 있는 편수일 때는 0을 [ou]로 읽어도 무방하다.

813편 : eight one three (○), eight hundred thirteen (×)

604편 : six zero four (○), six o four (○), six hundred four (×)

001편 : zero zero one (○), o o one (×)

5) 시간 읽기 :

12시를 제외한 매시 정각은 o'clock을 삽입하여 읽는다.

오전 in the morning, 낮 in the afternoon(12 pm~6 pm)

밤 in the evening(6 pm 이후)

오전 3:00 : three o'clock in the morning

오전 4:06 : four o six in the morning

정오 12:00 : twelve noon

오후 12:05 : twelve o five in the afternoon/ twelve o five p.m.

오후 5:00 : five o'clock in the afternoon

16:45 : four forty-five in the afternoon

19:30 : seven thirty in the evening

자정 12:00 : twelve midnight

새벽 12:01 : twelve o one in the morning/ twelve o one a.m.

1. 수하물 안내/Baggage securing

1) 한국어 방송

손님 여러분, 가지고 계신 짐은 앞좌석 밑이나 선반 속에 보관해 주시고,
[좌:석]   [쏘:게] [보:관]

선반을 여실 때는 먼저 넣은 물건이 떨어지지 않도록 조심해 주십시오.
[조:심해]

감사합니다.
[감:사함니다]

2) 영어 방송

Ladies and gentlemen,/

For your comfort and safety,/ please put your carry-on baggage in

the overhead bins/ or under the seat in front of you./

When you open the overhead bins,/ please be careful as the

contents may fall out./

Thank you./

2. 출발 준비/Preparation for departure

1) 한국어 방송

손님 여러분,

_____(도시명)까지 가는 ○○항공 _____편,
　　　　　　　　　　[항:공]

∨잠시 후에 출발하겠습니다.

갖고 계신 짐은∨좌석 아래나 선반 속에 보관해 주시고,
　　　　　　　[좌:석]　　　　　　　[쏘:게][보:관]

∨지정된 자리에 앉아 좌석벨트를
　　　　　　　　　　　[좌:석]

매 주시기 바랍니다. 아울러∨기내에서의 흡연,
[매:]

승무원의 업무를 방해하는 행위 및 전자기기
　　　　　　　　　　　　　　　[전:자기기]

사용기준 위반은∨항공보안법에 따라 엄격히 금지돼 있음을
　　　　　　　　　[항:공보:안]　　　　　[엄껴키] [금:지]

알려 드립니다.

감사합니다.
[감:사함니다]

2) 영어 방송

Ladies and gentlemen,/

this is _____(항공사명) flight _____(편수)

bound for _____(목적지)(via _____ : 경유할 때)./

We will be departing soon./ Please make sure /

that your carry-on items are stowed in the overhead bins/

or under the seat in front of you./

Please take your assigned seat and fasten your seat belt./

Also, please note/ that smoking,/

disturbing cabin crew/ and using non-approved portable

electronic devices are all strictly prohibited/

according to the Aviation Security Laws./

Thank you./

3. 탑승 환영/Welcome

1) 한국어 방송

손님 여러분, 안녕하십니까.

저희 ○○항공은 여러분의 탑승을 진심으로 환영합니다.
[저히]   [항:공]

이 비행기는 _____(도시명)까지 가는 ○○항공 _____편입니다.

목적지인 _____(도시명)까지 예정된 비행시간은∨이륙 후
                      [예:정]   [이:륙]

_____시간 _____분입니다.

오늘 _____(성명) 기장을 비롯한 저희 승무원들은 여러분을
                                      [저히]

정성껏 모시겠습니다.

출발을 위해∨좌석벨트를 매 주시고 등받이와 테이블을 제자리로
                      [매:]   [등바지]

해 주십시오.

그리고 휴대 전화 등 전자기기는 무선 통신 기능이 꺼진 상태에서
            [전:화]   [전:자기기]

사용하실 수 있으며, 노트북 등 전자기기는 좌석 하단 또는
[전:자기기]   [좌:석] [하:단]

기내 선반에 보관해 주시기 바랍니다.
[보:관]

비행 중 여러분의 안전을 담당하는 안전요원인∨

승무원의 지시에 협조해 주시기 바라며,
[협쪼]

계속해서 기내 안전에 관해 안내해 드리겠습니다.
[계:소캐서]   [안:내]

잠시 화면(/승무원)을 주목해 주시기 바랍니다.
[잠:시] [화:면]   [주:목]

2) 영어 방송

Good morning (/afternoon/evening), ladies and gentlemen.

Captain _____ (Family Name) and the entire crew are pleased

to welcome aboard ○○(항공사명).

This is flight _____ (편수), bound for _____ (목적지).

Our flight time to (목적지/중간 기착지) today will be

_____ hour(s) and _____ minute(s).

During the flight,/ our cabin crew will be happy to serve you in any way we can./

To prepare for departure,/ please fasten your seat belt and

return your seat and tray table to the upright position./

You are allowed to use your electronic devices during the flight/

as long as they are set to flight mode./

However,/ larger devices such as laptop computers/

must be stowed under your seat/ or in the overhead bins during

take off and landing./

Please fully cooperate with cabin crew/ who acts as safety

officers during the flight./ And for your safety,/

please direct your attention for a few minutes to the video

screens (/cabin crew) for safety information./

4. 이륙/Take off

1) 한국어 방송

손님 여러분,

우리 비행기는 곧 이<u>륙</u>하겠습니다. 여러분의 안전을 위해,
[이:륙]

좌<u>석</u>벨트를 매셨는지∨다시 한 번 확<u>인</u>해 주시기 바랍니다.
[좌:석]   [화긴해]

2) 영어 방송

Thank you for waiting, ladies and gentlemen,/

We will be taking off shortly./ For your safety,/

please check that your seat belt is securely fastened./

5. 착륙/Landing

1) 한국어 방송

손님 여러분, 우리 비행기는 곧 착륙하겠습니다.
[창뉴카게씀니다]

좌석 등받이와 (발 받침대) 테이블을 제자리로 해 주시고,
[좌:석] [등바지]   [받침때]

∨좌석벨트를 매 주십시오. 노트북 등 큰 전자기기는 좌석 하단∨
[좌:석]   [매:]   [전:자]   [좌:석][하:단]

또는 기내 선반에 보관해 주시기 바랍니다.
[보:관]

감사합니다.
[감:사함니다]

2) 영어 방송

Ladies and gentlemen,/

We will be landing soon./ Please fasten your seat belt,/

return your seat and tray table to the upright position./

Also, please place large electronic devices such as laptop

computers/ under the seat or in the overhead bins./

Thank you./

6. 환송/Farewell

1) 한국어 방송

손님 여러분, ∨ 우리 비행기는 _____(공항명)에 도착했습니다.
[도:차케씀니다]

지금 이곳은 ∨ _____월 _____일 오전(/오후) _____요일 _____시
[이:곧]   [오:전] [오:후]

_____분입니다.

여러분의 안전을 위해, ∨ 비행기가 완전히 멈춘 후 좌석벨트 표시등이
[완:전히]   [좌:석]

꺼질 때까지 자리에서 기다려 주십시오.

선반을 여실 때는 안에 있는 물건이 떨어질 수 있으니 조심해 주시고,
[떠러질 쑤]   [조:심]

내리실 때는 잊으신 물건이 없는지 ∨ 다시 한 번 확인해 주시기
[이즈신]   [화긴해]

바랍니다.

오늘도 저희 ○○항공을 이용해 주셔서 ∨ 대단히 감사합니다.
[항:공]   [대:단히]

저희 승무원들은 앞으로도 안전하고 편안한 여행을 위해 ∨
[저히]   [편난한]

최선을 다하겠습니다. 감사합니다.
[최:선]   [감:사합니다]

2) 영어 방송

Ladies and gentlemen,/

we have landed at _____(공항명) (international) airport./

The local time is now (_____:_____) a.m./p.m.,(요일,월,일)./

For your safety,/ please remain seated/ until the seat belt sign is

turned off./

Be careful when opening the overhead bins/ as the contents may

have shifted during the flight./

Please remember to take all of your belongings/ when you leave

the airplane.

Thank you for choosing _____(항공사명)/ and we hope to see

you again soon/ on your next flight./

항공사 면접 준비 리스트

Unit1 국내 항공사 알아보기
Unit2 국내 항공사별 자기소개서 쓰기
Unit3 외국 항공사 알아보기

비밀노트3에는 항공사 승무원으로 지원할 때 알아야 할 내용을 담았다. 먼저 국내 항공사에 대해 알아보고 채용의 첫 관문인 자기소개서 쓰는 방법을 살펴본다. 항공사마다 다른 자기소개서 항목과 항목별로 작성한 합격 자기소개서 예시도 실었다. 다음으로 외국 항공사 면접 절차, 지원 자격 및 회사 정보를 알아본다. 외국 항공사 지원 시 많은 도움이 될 것이다.

국내 항공사 알아보기

다음의 항공사별 객실 승무원 채용 절차는 2018년도 채용을 기준으로 각 항공사 홈페이지에 소개된 내용을 참고해 구성한 것이다. 면접 절차와 진행 및 그 밖의 세부적인 사항은 매 채용 시 회사의 사정에 따라 바뀔 수 있다.

1. 항공사별 상세 정보

면접 준비는 지원할 항공사에 대해 아는 것에서부터 시작된다. 모든 과정의 첫 단계인 서류 지원 준비, 즉 자기소개서를 작성하는 단계에서 '입사하려는 회사가 어떤 곳인지' 분석이 되어 있지 않으면, 면접관의 호감을 불러일으킬 만한 자기소개서를 만들기는 쉽지 않다. 다음 표에 소개하는 항공사별 정보는 기본 중의 기본이다. 그러므로 지원자는 **회사에 대해 본인이 보유한 지식의 양이 면접관에게는 지원자의 취업 의지 정도를 가늠하는 기준이 될 수 있음을 유념**해, 가능한 한 다양한 정보를 파악하고 정리해 두어야 한다. 표의 QR 코드를 찍고 '각 회사 홈페이지 방문'으로 들어가면 보다 자세한 정보를 얻을 수 있으며, 이 과정은 면접 준비 단계에서 필수임을 명심하자. 홈페이지에는 회사의 가장 최근 소식이 나와 있으므로 반드시 체크해 두고 자기소개서를 작성할 때나 면접 답변에 활용할 수 있어야겠다.

최근 제주항공 채용에서 '우리 항공사의 취항지 가운데 없어도 될 취항지가 있다면 어디일까요?'라는 질문이 나왔다. 이 질문에 대답하려면, 첫째, 제주항공의 모든 취항지에 대해 알아야 하고, 둘째, 그중 없어도 될 취항지를 골라, 셋째, 이 선택에 대한 설득력 있는 이유가 들어간 답변을 만들어야 한다. 항공사 취항지에 대한 정보가 없으면 답변을 시작하기조차 불가능하기에 지원자는 회사에 대한 정보를 정리하고 이를 숙지하는 단계를 최우선으로 여겨야 한다.

	대한항공	아시아나항공	제주항공	이스타항공
설립 연도	1969년 3월 1일	1988년 2월 17일	2005년 1월 25일	2007년 10월 26일
취항지	43개국 124개 도시	24개국 85개 도시	9개국 42개 도시	9개국 43개 도시
항공기 보유 대수	166대	82대	39대	17대
마일리지 제도	스카이패스&스카이패스 주니어 (만 12세 미만)	아시아나클럽&매직마일스 (만 12세 미만)	리프레시 포인트	E-credit
인재상 키워드	진취적, 서비스 정신, 예절, 국제 감각, 성실, 팀워크	근면한(부지런한), 자기계발(공부하는), 적극적, 서비스 정신이 투철한	안전, 저비용, 도전, 팀워크, 신뢰	적극적, 도전적, 창의성, 안전, 행복, 사랑
항공사 동맹체	스카이팀	스타얼라이언스	밸류얼라이언스	U-Fly Alliance
2018년도 채용 월 (채용 횟수)	2월, 6월, 10월 (총 3회)	4월, 7월, 10월 (총 3회)	3월, 9월 (총 2회)	1월, 7월, 12월 (총 3회)
홈페이지				

	진에어	에어부산	티웨이항공	에어서울
설립 연도	2008년 1월 23일	2007년 8월 31일	2003년 5월 19일	2015년 4월 7일
취항지	11개국 33개 도시	9개국 41개 도시	11개국 26개 도시	5개국 19개 도시
항공기 보유 대수	26대	25대	24대	7대
마일리지 제도	나비포인트	Fly&Stamp	없음	연간 회원권 형식의 'Mint Pass'
인재상 키워드	서비스 정신, 국제 감각, 팀워크, 성실, 창의적, 도전적	서비스 정신, 협동, 열정, 도전과 창의	안전, 서비스 정신, 화합, 배려	소통, 배려, 도전, 적극적, 긍정적, 창의적
항공사 동맹체	젯스타 그룹과 인터라인 협약	아시아나항공과 공동 운항	이스타항공과 공동 운항	아시아나항공과 국제노선 공동 운항
2018년도 채용 월 (채용 횟수)	2월 (총 1회)	1월, 2월, 6월 (총 3회)	1월 (총 1회)	4월, 8월 (총 2회)
홈페이지				

2. 지원 자격

항공사별 지원 자격은 채용 시기에 따라 상이하게 변경되기도 하므로, 매 채용 시 반드시 확인해야 한다. 항공사 승무원 지원 자격에 있어 일반적인 기준이 되는 항목은 어학 점수와 학력 사항이다.

1) 어학 점수

일반적으로 토익 550점 이상부터 지원이 가능하나 아시아나항공,

에어부산, 에어서울은 점수와 관계없이 토익 성적이 있기만 하면 지원할 수 있으므로 점수 확인이 필요하다. 외국어 공인 시험 자격증은 입사 지원 마감일이나 접수일 기준으로 2년 이내에 국내 정기 시험에서 취득한 것이어야 유효하나, 항공사가 지정한 날 이후의 자격증을 요구할 때도 있음에 유의한다.

또한 저비용 항공사는 중국어, 일어, 베트남어, 러시아어 등 채용 시기에 따라 해당 **제2외국어 사용 가능자를 우대**하기도 하며, 별도로 어학 특기자 전형을 시행할 때도 있으므로 이 역시 참고해야 하겠다.

2) 학력 사항

졸업 예정자를 기준으로 채용하므로 이 또한 확인할 필요가 있다. 졸업 예정자란 채용 공고가 발표된 학기를 마치고 졸업이 가능한 자를 말하며, 대개 졸업까지 1학기 이하만 남은 지원자까지 해당된다. 예를 들어 2018년 1월 채용에 응시 가능한 졸업 예정자는 2018년 8월 졸업자와 그 이전 졸업자로, 2019년 2월 졸업 예정자에게는 응시 자격이 없다. 2019년 2월 졸업 예정자는 2018년 하반기 채용부터 지원 자격이 되는 졸업 예정자 범주에 들어간다.

		대한항공	아시아나항공	제주항공
지원자격	공통	• 해외여행에 결격 사유가 없고, 병역필 또는 면제자 • 기졸업자 또는 졸업 예정자, 전공 무관 • 교정시력 1.0 이상인 자(라식 및 라섹 수술의 경우 3개월 이상 경과 권장) • 기내 안전 및 서비스 업무에 적합한 신체 조건을 갖춘 자		
	필수	• TOEIC 550점 또는 TOEIC Speaking LVL6 또는 OPIc LVL IM 이상 취득한 자	• 국내 정기 TOEIC 성적을 소지한 자	[공통 필수, 재주 캐스팅] • TOEIC 550점 이상 또는 TOEIC Speaking LVL5 이상 또는 OPIc LVL IM 이상 취득한 자 *재주 캐스팅 및 타 공개 채용 부문 간 중복 지원 절대 불가(중복 지원 시 불이익이 있을 수 있음)
	우대사항	• 영어 구술 성적 우수자는 전형 시 우대 • 태권도, 검도, 유도, 합기도 등 무술 유단자는 전형 시 우대	• TOEIC Speaking LVL5, OPIc IL등급, ESPT 480점 이상 성적 제출자는 영어 구술 테스트 면제	• 중국어 특기-新HSK 5급 이상 또는 HSK 중급 이상 • 일본어 특기-新JLPT N3 이상 또는 JPT 550점 이상 또는 SJPT LVL5 이상 • 러시아어 특기-TORFL 1단계 이상 또는 FLEX 2B 이상(듣기, 읽기/쓰기/말하기 각각 해당 등급 이상 보유자)

		이스타항공	진에어	에어부산
지원자격	공통	• 해외여행에 결격 사유가 없고, 병역필 또는 면제자 • 기졸업자 또는 졸업 예정자, 전공 무관 • 교정시력 1.0 이상인 자(라식 및 라섹 수술의 경우 3개월 이상 경과 권장) • 기내 안전 및 서비스 업무에 적합한 신체 조건을 갖춘 자		
	필수	• TOEIC 550점 또는 TOEIC Speaking LVL5 또는 OPIc LVL IM2 또는 TEPS 451점 또는 TOEFL 63점 이상 취득한 자 • 나안시력 0.2 이상 또는 교정시력 1.0 이상인 자	• TOEIC 550점 또는 TOEIC LVL6 이상 또는 OPIc LVL IM 이상 취득한 자	• 국내 정기 영어 시험 성적 소지자
	우대사항	• 중국어 HSK 4급 이상, HSK 회화 중급 이상, TSC 3급 이상 • 일본어 JPT 600점, JLPT 2급 • 기타 개인적 특기 보유자		• 영어, 일본어, 중국어 성적 우수자

		티웨이항공	에어서울
지원자격	공통	• 해외여행에 결격 사유가 없고, 병역필 또는 면제자 • 기졸업자 또는 졸업 예정자, 전공 무관 • 교정시력 1.0 이상인 자(라식 및 라섹 수술의 경우 3개월 이상 경과 권장) • 기내 안전 및 서비스 업무에 적합한 신체 조건을 갖춘 자	
	필수	• TOEIC 600점 이상 성적 소지자 • 전문대졸 이상	• 국내 정기 TOEIC 성적 소지자 • 전문학사 이상 학력 소지자
	우대사항	• 제2외국어(베트남어, 일본어, 중국어) 능력 우수자 우대	• 어학 성적 고득점자 우대

3. 채용 절차

　수년간 변동이 없던 항공사 채용 절차와 형식이 바뀌고 있다. 2회 면접으로 절차가 마무리된 과거와 달리 2011년 11월 대한항공 공채를 시작으로 여기에 최종 사장단 면접이 추가되면서 현재까지 대한항공과 티웨이항공이 3차 면접까지 진행하고 있으며, 2017년 제주항공이 처음으로 어학 특기자 전형에 토의 면접을 시행하였다. **언제, 어떤 항공사가 또 다른 면접 전형을 넣을지 모르는 상황**인 것이다. 따라서 승무원 지원자는 눈과 귀를 활짝 열고 있어야겠다. 이제껏 답변을 외워 읊는 식의 준비만 해 온 사람에게는 앞으로 보다 다채로워질 면접 방식에 적응하기가 쉽지 않을 것이므로 그에 맞는 준비가 필요하다.

1) 1차 실무 면접

　통상적인 1차 실무 면접은 말 그대로 실무자, 곧 함께 비행할 선임 승무원이 면접관에 포함된다는 뜻이므로 면접에서는 함께 일하고 싶은 후임 승무원의 모습을 보여 주는 게 중요하다. 지원자 6~8명이 한 조를 이루어 면접을 치르며, 지원자당 보통 1~3개의 질문을 받는다. **평가는 지원하는 항공사가 선호하는 이미지가 기준**이 되며, 이것이 궁금한 지원자는 회사 홈페이지에 소개된 항공사 홍보지 속 승무원 모델의 모습(서 있는 자세, 손 위치, 액세서리, 메이크업, 미소 등)을 참고하자. 회사가 표준화한 이미지가 무엇인지 가장 확실하게 알아볼 수 있는 방법이다. 제주항공이 추가한 토의 면접은 지원자들이 주어진 주제에 대해 정해진 시간 동안 의견을 주고받는 것을 지켜보는 면접이다. 이때 면접관이 평가하는 것은 누가 발언권을 더 많이 가져가느냐가 아니며, 토의가 진행되는 과정 속에서 협동심과 배려와 팀워크를 보여 주는 자, 즉 승무원의 자질을 지닌 사람이 누구인가 하는 것이다. 지원자의 상냥한 말투와 여유로운 미소 역시 평가에 크게 작용한다.

2) 2차 임원 면접

　지원자의 내적 자질, 승무원적 성향 등을 평가하는 절차로 면접관은 지원자의 경험이나 생각 등에 대해 질문한다. 지원자의 자질을 보려는 단계인 만큼 1차 면접보다 진행 시간이 길고 꼬리질문을 받는 일도 생긴다. 장기자랑이나 롤플레잉 질문, 기내 방송문을 읽는 절차도 있음에 유의한다. 입사 후 정식 교육을 받기 전인 이 시점에 기내 방송이나 롤플레잉 관련 질문에 승무원답게 대응하기는 어렵다. 면접관 역시 지원자에게 그것을 기대하지는 않는다. 기내 방송문 읽기는 승무원 지원자에게 응당 기대할 법한 기본적인 수준의 영어 발음과 목소리 톤, 발성을 평가하기 위함이며, 롤플레잉에서는 예기치 않은 상황에 당황하는 일 없이 승객의 안전과 서비스를 위해 최선의 노력을 기하는 지원자인지를 보고자 한다는 것을 유념하면 된다. 영어 면접이 함께 진행되기도 하는데, 이때는 영어 실력도 실력이지만 무엇보다 자신감과 여유를 잃지 않는 것이 중요하다. 다양한 서비스 특화팀을 갖춘 항공사라면 지원자의 다양한 재능에 관심이 많을 것이므로 이를 강조하는 것도 좋은 방법이다.

3) 3차 최종 면접

대한항공과 티웨이항공 면접에만 해당된다. 3차 면접에서도 지원자의 내적 자질을 보는 만큼 본인의 장점이 잘 드러날 만한 경험이 뒷받침된 설득력 있는 답변으로 대답하며, 자신이 항공사에 무난하게 잘 적응할 수 있는, 오래 일할 지원자임을 보여 주는 것이 핵심이다.

	대한항공	아시아나항공
채용 절차	서류 전형→1차 실무 면접→2차 임원 면접(영어 구술)→체력/수영테스트→3차 최종 면접→건강진단 1) 서류 전형 2) 1차 실무 면접 3) 2차 임원 면접: (기내 방송문 낭독, 영어 인터뷰 포함) 　& 영어 면접은 원어민 면접관과 1:1 면접으로 기내 방송문 낭독 후 영어 질의응답 실시. 앉은 자세로 평가 4) 3차 최종 면접: 20분 소요, 면접관과 지원자 간 거리가 가까움	서류 전형→1차 실무 면접→2차 임원 면접(영어 구술)→건강검진(체력 측정, 인성검사) 1) 서류 전형 2) 1차 실무 면접: 입실 전 까치발로 암 리치와 몸무게 측정, ㄷ자 워킹, 팔 흉터 검사 3) 2차 임원 면접: 　& 영어 면접은 4명씩 그룹으로 진행. 입실 전 사진 촬영
특이 사항	• 2년간 인턴 근무 후 소정의 심사를 거쳐 정규직으로 전환 가능	• 인턴사원으로 1년간 근무 후 소정의 심사를 거쳐 정규직으로 전환

	제주항공	이스타항공
채용 절차	**[일반] 서류 접수→인성 검사→1차 실무 면접→2차 임원 면접 및 체력 측정→신체검사** 1) 서류 전형 2) 1차 실무 면접: 토의 면접 진행 후 조별 인터뷰 진행(2017년부터 적용), 대략 50분 소요 3) 2차 임원 면접 **[제주 캐스팅] 서류 접수→인성 검사→2차 임원 면접 및 체력 측정→신체검사** 1) 서류 전형 생략: 제주항공이 정한 주제에 대한 1분 영상을 인스타그램에 올려 평가받는 전형. 이 전형에서 합격하면 바로 임원 면접 참여(1차 면접 생략) 2) 2차 임원 면접	**서류 전형→1차 실무 면접→2차 임원 면접** 1) 서류 전형 2) 1차 면접 3) 2차 임원 면접 및 영어 면접: 면접실 입실 전 별도의 장소에서 1:1로 면접관이 지정한 기내 방송문 낭독 후 면접 대기실로 이동. 장기 자랑, 롤플레잉 질문이 이어지며 영어 면접이 추가로 진행
특이 사항	• 인턴(수습) 기간은 최대 2년이며, 해당 기간 종료 전 평가를 통하여 정규직으로 전환 • 간혹 장기 자랑을 보여 줄 수 있는 기회가 생길 수 있기에 준비해 두는 것이 좋으나 면접의 당락에 중요한 잣대가 되지는 않음. 앉은 자세에서 면접 진행	• 미스 전북 선발대회 협찬 업체로서 미인대회 출신을 선호하는 경향 • 지역 인재 일자리 창출을 위해 채용 인원의 30%를 전북 지역 인재로 채용 • 블라인드 면접 진행

	진에어	에어부산
채용 절차	서류 전형→1차 실무 면접→2차 임원 면접(영어 구술) 1) 서류 심사 2) 1차 면접: 신체 비율 중요 3) 2차 임원 면접 및 영어 구술 면접 　(기내 방송문 낭독 포함)	서류 전형→1차 실무 면접(영어 리딩)→ 2차 임원 면접 1) 서류 심사: 증명사진 미포함 2) 1차 면접: 기내 방송문 낭독 포함, 　포니테일 헤어 가능, 영어 방송문 　또는 영어 기사 낭독 3) 2차 임원 면접: 아시아나항공 2차 　면접 절차와 동일
특이 사항	• 면접 복장은 티셔츠, 청바지, 컨버스 　운동화, 포니테일 헤어	• 부산에서 진행 • 체력 측정, 인 · 적성 검사, 수영 완주 　를 통과해야 2차 면접 응시 가능

	티웨이항공	에어서울
채용 절차	서류 전형→1차 실무 면접→ 2차 임원 면접→3차 최종 면접 1) 서류 심사 2) 1차 면접: 암리치 측정, ㄷ자 워킹 　소요 시간이 긴 편 3) 2차 임원 면접: 팀장, 임원 면접으로 　진행 서비스 특화팀과 관련된 재능 　소유자 유리 4) 3차 최종 면접	서류 전형→1차 실무 면접→ 2차 임원 면접 1) 서류 심사 2) 1차 면접: 암리치 220cm 측정 　ㄷ자 워킹 3) 2차 임원 면접: 면접 후 사진 촬영
특이 사항	• 모든 면접이 중국어 가능자와 비가능 　자 조로 나누어 진행되는 만큼 중국어 　가능자가 우대됨	• SNS 채용 설명회 진행 • 인턴사원으로 1년간 근무 후 소정의 　심사를 거쳐 정규직 전환

국내 항공사별 자기소개서 쓰기

1. 입사 지원서 알아보기

어느 회사가 되었든 입사를 희망하는 지원자가 넘어야 할 첫 번째 관문은 언제나 서류 전형이다. 서류 단계에서 1등으로 합격하든 100등이었든 간에 이후의 면접은 서류 합격 점수와 상관없이 '제로 베이스'(zero base)에서 진행되지만, 일단 서류 전형이라는 산을 넘어야 다음 단계인 면접 자격이 주어지므로 서류를 작성할 때는 신중을 기해야 한다.

입사 지원서는 이력서와 자기소개서로 이루어지며, 이력서와 자기소개서가 무엇인지 이해해야 목적에 맞는 입사 지원서를 작성할 수 있다. **이력서에는 수치화할 수 있는 자신의 이력을 기록한다.** 따라서 학점, 토익 점수, 수상 경력, 아르바이트 경험, 보유 자격증 등을 써 넣는다. 사실만을 기술해 이제까지 본인이 이루어 낸 것들을 일목요연하게 보여 줄 수 있다. 이로써 지원자의 역량이 어느 정도 드러나겠지만 그 사람의 장점과 적성까지 파악하기에는 충분하지 않다. 승무원 지원자의 자질에서 중요한 부분이자 수치화하기 힘든 부분인 근면함, 서비스 마인드, 적응력, 참을성, 배려심 등의 강점은 이력서를 통해 짐작하는 데 한계가 있기 때문이다. 이력서에 토익 700점이라는 점수를 기록한다면 이 한 줄의 사실은 영어 점수 이상도 이하도 아니다. 하지만 이 점수를 얻기 위한 자신의 부단한 노력과 끈기, 자기계발 의지 등을 자기소개서에는 써 넣을 수 있다. 그러므로 자기소개서를 쓸 때는 이력서에 언급한 토익 700점, 그 밖에 이러저러한 자격증을 가지고 있다는 사실을 나열하듯 기술하기보다 **해당 점수나 자격증을 얻기 위한 자신의 노력과 과정을 보여 주는 것**이 올바른 전략이 된다. 그러면 이력서와 자기소개서 작성에 대해 좀 더 자세히 알아보자.

1) 이력서

이력서는 다음의 항목으로 구성된다. 되도록이면 모든 항목을 채워 넣고 오타나 오류가 없는지 검토한다. 작성을 마치면 이를 출력해 인쇄물로 한차례 더 확인한다. 화면에서는 보이지 않던 오류가 인쇄물에서는 쉽게 눈에 들어오는 예가 많다. 지원 완료를 클릭하기 전 인쇄창이 뜨지 않을 때는 '화면 인쇄'(print screen)를 이용해 출력한다.

기본 지원 사항

응시 분야 : 입사를 희망하는 분야, 직무를 확인하고 클릭해 선택한다.

응시 분야	객실승무직	신입객실여승무원
1차면접 희망지역		

기본 인적 사항 : 이름, 이름의 한자 표기, 생년월일, 주소, 전화번호, 연락처, 이메일 주소를 써 넣는다.

기본 인적 사항

사진 : 사진 첨부를 원하는 항공사와 그렇지 않은 항공사가 있다. 사진은 포토샵으로 과하게 수정되었거나 승무원 이미지와 맞지 않는 것을 피해 본인의 밝은 표정과 깔끔한 이미지를 보여 주는 것으로 첨부한다.

*성명		한자 성명	
*영문 성명	성 [ ] 이름 [ ] (여권에 기재된 영문성명 입력 바랍니다.)		
*주민등록번호 (외국인 등록번호)		*국적	
*이메일	@		
*휴대폰			
*비상 연락처			
*현 주소	[주소 검색]		
*취미			
*신장			

병역 사항

병역 사항 : 남자는 반드시 입력해야 하며, 여성 또는 외국 국적자의 경우 해당 사항이 없으면 비대상을 선택하면 된다. 전역 예정인 지원자는 군필 여부에 군필을 선택하고, 복무 기간에 전역 예정 일자를 입력하면 된다.

*군필 여부		군별	
계급		병과(주특기)	
복무 기간		면제 사유	
전역 구분		군번	
출신 구분		출신 기수	

학력 사항

학력 사항 : 고등학교 이후 학력만 표기하게 되어 있으며 입학과 졸업 연도를 확인한 후 작성한다.

학력 구분		해외 구분	Y N
학교명	[학교 검색]	기타 :	
입학년월		졸업년월	
소재 국가		소재 도시	
학점	/ 만점	학위 구분	학사
주전공 계열		주전공	기타 : [전공검색]
복수(이중) 전공 계열		복수(이중) 전공	기타 : [전공검색]
부전공 계열		부전공	기타 : [전공검색]
논문 주제			

경력 사항 : 아르바이트 경험을 기록하지 못하게 해 둔 항공사도 있다. 이 경우 과거 일한 곳에서 경력증명서를 발급받을 수 있다면 기입이 가능하다. 일한 기간이 짧은 경력은 크게 도움이 되지 않는다. 되도록 기간이 긴 것, 승무원업무와 관련된 경력을 최근 날짜순으로 작성한다.

경력 사항

경력 구분		정규직 여부	
근무처		담당 업무	
직위		근무 기간	~
재직 상태		사직 사유	

해외 수학(연수) 경험

해외 경험	기관(학교)명	국가	도시	기간	수학(연수) 내용

해외 수학(연수) 경험 : 해외 수학(연수) 경험에는 정규 과정(중/고등학교) 이수 경험 및 어학연수, 교환학생 등 모든 해외 경험을 입력한다.

봉사 활동

기관명	봉사 내용	기간

봉사 활동 : 별도의 증빙 서류를 요청할 수 있으니 미리 준비해 두고, 기간이나 주최 기관 등을 입력하는 데 어려움이 없도록 정확한 정보를 확인한 후 기입하도록 한다.

어학 사항

언어 구분			
어학 시험명		등급	
총점		점수	LC [ ] RC [ ] SC [ ] WC [ ]
REGISTRATION NO. (TEST_ID)			
취득 일자 (TEST DATE)		만료 일자 (VALID UNTIL)	[ ]

어학 사항 : 영어의 경우 지원 자격 이상의 성적만 입력이 가능하며, 어학 성적표를 미리 발급받아 점수와 취득일, 만료일을 기입하는 데 어려움이 없도록 한다.

자격 면허

자격명	[검색]	기타 : [ ]	
자격 등급		자격증 번호	
발급 기관		취득 일자	

자격 면허 : 자격 면허의 경우 '검색'을 클릭해 선택이 가능한 면허만 입력할 수 있게 돼 있다. 자격증 번호와 발급 기관 등을 정확히 기입하도록 한다.

2) 자기소개서

자기소개서를 구성하는 네 개의 기본 항목은 성장 배경, 성격의 장단점, 지원 동기, 입사 후 포부이다. 유념할 것은 여전히 이들 기본 항목을 써 넣도록 하는 항공사가 있는 것과 더불어 최근 그 밖의 다양한 항목이 추가적으로 요구되고 있으며, 채용 시기별로 항목이 계속해서 변하는 점이다. 따라서 지원자는 **자기소개서의 재료가 될 본인만의 줄거리를 미리 정리해 두어야** 끊임없이 바뀌는 회사의 요구 사항에 맞게 자기소개서를 쓸 수 있을 것이다. 자기소개시를 작성하기에 앞서 다음의 내용을 이해하고 있어야겠다.

1. 매번 요구 항목이 바뀌는 추세라 해도 자기소개서는 결국 자신의 장점을 적는 글이다.

부정적인 사건, 예를 들어 동료와의 관계에서 문제를 겪은 경험이나 성격의 단점을 적는 항목에서도 결국은 본인의 장점을 드러내야 함을 알아야 한다. 항공사에서는 부정적인 사건을 통해서도 지원자가 여기에서 무엇을 얻었는지, 사건이 지원자에게 어떤 긍정적인 영향을 주었는지 알고자 한다. 지원자는 이런 의도를 파악하고 내용을 전개할 수 있어야 한다.

2. 항공사별 인재상을 확인한 뒤 해당 인재상이 항목별로 하나씩 포함되도록 구성하고 이를 서술한다.

여러 항목이 있는 것은 지원자의 다양한 장점을 보여 달라는 항공사의 요구일 수 있다. 이를 이해하지 못한 지원자들이 하는 실수가 항목별로 중복되는 장점을 서술하거나 인재상과 딱히 이어지지 않는 장점을 언급하는 것이다. 인재상은 '우리는 이런 사람을 뽑겠다'고 항공사 측이 미리 알려 주는 합격자의 모습이므로 반드시 이를 숙지하고 자신이 그 기준에 맞는 사람임을 표현하도록 한다.

3. 나만의 자기소개서를 만드는 동력은 '스토리'이다.

모든 항목에 나만의 스토리를 넣고 그 안에 나의 장점을 녹여 내야 한다. 항공사 채용 공고가 나오면 많게는 1만여 명 이상이 지원할 때도 있다. 이때 1만여 편이 넘는 자기소개서들 속에서 본인의 것을 비교우위에 놓을 무기가 될 수 있는 것은 나만의 '스토리'이다. 스토리 없는 자기소개서는 요구 항목이 묻는 것에 일반적인 사실이나 일반적인 관념으로 응수하는, 주어가 그 누구여도 상관없는 일반적인 글일 뿐이다. 자기소개서는 말 그대로 나, 남과 다른 나를 소개하는 글인 만큼, 스토리를 통해 나를 어떻게 보여 줄지 고민한 뒤 작성해야 한다.

4. 스토리를 전개할 때는 단순히 그 무엇을 '잘했다'고 쓰기보다 '어떻게 했다/해냈다'를 드러내야 한다.

자기소개서는 나의 장점을 보여 주는 글이며 스토리를 통해 나만의 이야기를 들려주는 것이라 했다. 한데 이를 '나는 무엇을 잘했고', '이것도 잘했고', '저것도 잘했다'고 나열식으로 구성하는 지원자들이 꽤 많다. 유념할 것은 면접관이 자기소개서에서 보고자 하는 것은 그저 '잘했다'는 사실이 아닌 그것을 도대체 '어떻게 했는지'에 대한 것이다. 자신이 '잘했던' 서비스 경험에 대해 다음과 같이 쓴 지원자가 있다. "커피숍에서 아르바이트하던 당시 고객의 마음을 읽고 먼저 다가가 서비스하였습니다." 보다시피 이 문장에는 '어떻게' 고객의 마음을 읽었는지, '어떻게' 먼저 다가가 서비스했는지에 대한 내용이 없다. "어머니 혼자 두 아이를 데리고 온 경우여서 분명 제가 도와 드릴 일이 있으리란 생각에 손님이 필요로 하실 것을 먼저 생각해 보았습니다." 이렇게 '어떻게 고객의 마음을 읽었는지'에 해당하는 구체적인 내용이 들어가야 스토리에 힘이 실린다는 것을 기억하자.

더불어 '스토리'에 대해 오해하는 일은 없어야겠다. 여러분이 응시하는 것은 작가가 아닌 승무원 채용이다. 탄탄한 문장력과 유려한 표현에 대해 고민하지 말고 나를 잘 드러내는 것이 중요함을 명심한다. 위 사항을 염두에 두고 실제 자기소개서 항목을 어떻게 기술하는지 항목별 요령을 살펴보겠다. 앞서 언급했지만 현재는 자기소개서 항목이 꾸준히 바뀌고 있다. 아래 소개하는 다양한 항목에 대한 서술 요령을 제대로 파악하고 있어야 언제 어떻게 바뀔지 모를 새로운 항목에도 무리 없이 대응할 수 있을 것이다.

2. 항공사별 자기소개서 작성 항목

2017~2018년도 채용 시 출제된 항공사별 자기소개서 작성 항목을 정리했다. 채용 때마다 바뀌는 항목이 있으나 기본적인 틀은 비슷하므로 미리 연습해 본다. 항목별로 정해진 글자수의 90~95%까지 채우는 것이 적절하며, 작성한 글을 복사해 한글 프로그램에 붙여넣고 띄어쓰기나 문법이 틀린 데가 없는지 확인한다. 끝으로 완성한 글을 소리 내 읽어 본다. 정확한 표현을 사용했는지, 전개가 논리적인지, 그리하여 결과적으로 본인의 의도가 잘 전달되는지를 확인하는 작업이 되겠다.

1) 대한항공 각 항목별 600자 내외로 작성

- 객실 승무원이 갖춰야 할 자질을 두 가지 이상 제시하고 본인이 이에 어떻게 부합하는지를 구체적으로 기술해 주십시오.
- 본인이 생각하는 최고의 서비스란 무엇인지와 그 이유를 설명해 주십시오.
- 공동의 목표를 달성하기 위해 협업했던 경험과 그 과정에서 본인이 수행한 역할에 대해 기술해 주십시오.
- 본인이 직장을 선택할 때의 기준을 명시하고, 대한항공을 선택하게 된 사유에 대해 기술해 주십시오.
- 서비스란 무엇인지에 대해 정의하고, 이와 관련한 본인의 강점을 기술해 주십시오.
- 지금까지 본인이 한 일 중 가장 열정을 가지고 임했던 일에 대해 기

술해 주십시오.

- 대한항공 객실 승무원에 지원하게 된 동기를 구체적으로 기술해 주십시오.

- 본인이 타인을 배려했던 경험과 그 배려의 결과를 기술해 주십시오.

- 본인 삶에 대한 만족도를 점수화하고, 그 이유를 구체적으로 기술해 주십시오.

- 대한항공 객실 승무원이 되고 싶은 이유를 두 가지 이상 기술해 주십시오.

- Team player로서 가장 중요하다고 생각하는 자질 하나를 제시하고 본인이 이에 어떻게 부합하는지를 기술해 주십시오.

- 본인의 삶에 있어 가장 중요한 가치는 무엇이고, 이를 위해 구체적으로 어떠한 일들을 했는지 기술해 주십시오.

2) 아시아나항공 대개 100자 이상 500자 이내로 작성(글자수 다른 항목 별도 표시)

- 귀하가 금호아시아나그룹(1지망 회사)를 지원하게 된 동기에 대해 서술해 주십시오.

- 입사 후 10년 내 회사에서 이루고 싶은 목표는 무엇이며, 그것을 추구하는 이유와 이를 달성하기 위한 계획을 서술해 주십시오.

- 귀하가 지원한 직무는 무엇이며, 해당 직무에 관심을 갖게 된 계기와 이를 잘 수행할 수 있다고 생각하는 이유를 본인의 역량, 준비 과정 및 관련 경험을 근거로 서술해 주십시오.

- 도전적인 목표를 정하고 열정적으로 일을 추진했던 경험과 관련 추진 과정에서 겪은 어려움, 이를 극복한 방법, 그리고 그 일의 결과를 중심으로 서술해 주십시오.

- 자신의 윤리 · 도덕적 신념을 지키기 위해 손해나 희생을 감수하고 일을 수행한 경험이 있다면 서술해 주십시오.
- 아시아나항공에 지원하게 된 동기에 대해 서술해 주십시오.(500자 이상 700자 이내)
- 본인의 특성과 성장 배경에 대해 서술해 주십시오.(500자 이상 700자 이내)
- 캐빈 승무원 직무를 성공적으로 수행할 수 있다고 생각하는 이유를 서술해 주십시오.(본인의 경험, 성격, 개성에 근거해)
- 본인의 평소 생활 신념 또는 좌우명에 대해 서술해 주십시오.
- 도전적인 목표를 세우고 그 달성을 위해 노력했던 경험에 대해 구체적으로 서술해 주십시오.(500자 이상 700자 이내)
- 캐빈 승무원으로서 가장 필요한 역량은 무엇이라 생각하며 이를 갖추기 위한 본인의 노력이나 경험에 대해 서술해 주십시오.(500자 이상 700자 이내)
- 본인 스스로를 가장 칭찬해 주고 싶었던 경험과 그 이유에 대해 서술해 주십시오.
- (아시아나항공에 입사하게 된다면) 입사 후 포부에 대해 서술해 주십시오.

3) 제주항공 각 항목별 100자 이상 1000자 이내로 작성

- 해당 직무에 지원하게 된 동기와 이를 위해 본인이 어떤 노력을 했는지 구체적으로 기술해 주십시오.
- 본인의 지식과 성격 측면에서 장단점을 기술해 주십시오.
- 제시한 핵심 가치 중 하나와 관련된 본인의 과거 경험을 구체적으로

기술해 주십시오.(핵심 가치: 안전, 팀워크, 신뢰, 도전, 저비용)

- 국내의 다양한 LCC 중 제주항공에 지원한 동기와 본인이 제주항공에 적합하다고 생각하는 이유를 기술해 주십시오.
- 해당 직무에 지원하게 된 동기와 해당 직무를 수행하기 위한 본인의 차별화된 강점을 기술해 주십시오.
- 본인 성격의 장단점을 기술해 주십시오.
- 최근 5년간의 성취 경험 중, 제주항공의 핵심 가치를 발휘한 사례를 찾아 구체적으로 기술해 주십시오.(안전, 도전, 팀워크, 신뢰, 저비용 중 택1)
- 난기류가 예상되어 안전벨트 착용 등이 켜지고 안내 방송이 나왔습니다. 승객이 화장실이 급하다고 하는데 기체가 크게 흔들리지 않는 상태라면 어떻게 하시겠습니까?
- 야간 비행 중입니다. 옆 좌석 승객의 심한 코골이로 잠을 잘 수 없다는 승객의 컴플레인이 들어왔습니다. 어떻게 하시겠습니까?

4) 이스타항공 각 항목별 100자 이상 500자 이내로 작성

- 성장 과정
- 성격의 장단점
- 지원 동기
- 입사 후 포부
- 세부 경력 사항

5) 진에어 항목별 글자수 제한이 상이하므로 확인 후 작성

- 성장 과정, 학교생활 및 연수 경험 등에 대해 기술해 주십시오.(100자

이상 1000자 이내)

- 성격의 장단점 및 생활신조에 대해 기술해 주십시오.(100자 이상 600 자 이내)
- 객실 승무원으로서 갖춰야 할 덕목과 본인이 이에 어떻게 부합하는 지 기술해 주십시오.(100자 이상 600자 이내)
- 책임감을 가지고 일을 완수했던 경험에 대해 기술해 주십시오.(100 자 이상 600자 이내)
- 지원 동기 및 입사 후 계획에 대해 기술해 주십시오.(100자 이상 600자 이내)
- 진에어에 입사하게 된 동기와 입사를 위해 구체적으로 어떠한 노력 을 해 왔는지 기술해 주십시오.(100자 이상 600자 이내)
- 공통의 목표를 달성하기 위해 타인과 협업한 경험과 그 과정에서 본 인이 수행한 역할, 그리고 해당 경험을 통해 얻은 것은 무엇인지 구 체적으로 기술해 주십시오.(100자 이상 600자 이내)
- 귀하가 생각하는 바람직한 서비스인의 모습과 최고의 서비스 경험 에 대해 기술해 주십시오.(100자 이상 600자 이내)

6) 에어부산 각 항목별 500자 이내로 작성

- 본인의 성장 과정에 대해 기술해 주십시오.
- 당사에 지원하게 된 동기는 무엇입니까?
- 자신의 장단점에 대해 기술해 주십시오.
- 입사 후 포부는 무엇입니까?

7) 티웨이항공 <small>각 항목별 500자 내외로 작성</small>

- 성장 과정
- 지원 동기
- 성격의 장단점
- 입사 후 포부

8) 에어서울 <small>각 항목별 500자 이내로 작성</small>

- 본인의 특성과 성장 배경에 대해 기술해 주십시오.
- 캐빈 승무원에 지원하는 동기는 무엇인지 기술해 주십시오.
- 본인이 가장 소중하게 생각하는 것을 적고, 그 이유를 기술해 주십시오.
- 귀하가 회사를 선택하는 기준은 무엇이며, 에어서울을 선택한 이유는 무엇인지 기술해 주십시오.
- 본인의 성격, 특징 등을 설명할 수 있는 단어 세 개를 제시하고, 그러한 특성이 형성되는 데 영향을 미친 경험에 관해 기술해 주십시오.
- 에어서울의 서비스/마케팅 전략 중에서 평소 개선했으면 했던 부분이나, 본인이 입사 후 새롭게 추가하고 싶은 서비스/마케팅 전략이 있다면 무엇인지 기술해 주십시오.
- 스트레스를 관리하는 본인만의 방법이 있다면 무엇인지 기술해 주십시오.
- 에어서울 승무원이 되어 이루고 싶은 목표는 무엇인지 기술해 주십시오.
- 인생에서 겪은 가장 힘들었던 경험은 무엇이며, 이를 어떻게 극복했는지 기술해 주십시오.

3. 항목별 자기소개서 작성 요령

예시 항목 1

본인이 생각하는 최고의 서비스란 무엇인지와 그 이유를 설명해 주십시오.

(600자 내외, 대한항공)

    이 항목에 대한 지원자의 기술 방향은 내가 제공한 가장 만족스러웠던 서비스를 이야기로 풀어내면서 서비스인으로서 자신이 가진 역량을 최대한 보여 주는 것이 돼야 한다.

    지원자들이 여기서 흔히 하는 실수는 자신이 알고 있는 최고의 서비스에 대해 단순히 일반적인 관점에서 서술하는 점이다. 하지만 면접관이 '최고의 서비스'가 의미하는 바를 모를 리는 없지 않을까. 따라서 이 항목에서 지원자는 고객에게 만족을 선사했던 과거 본인의 경험을 들고 이를 통해 자신이 배운 것과 결과적으로 '그래서 나는 무엇을 최고의 서비스라 생각한다'는 방향으로 기술해야 한다.

'나만을 위한 맞춤 서비스'

저는 다양한 서비스 경험이 있습니다. 이를 통해 최고의 서비스란 '나만을 위한 맞춤 서비스'라는 저만의 서비스 정의를 내리게 되었습니다. 특히 이는 대한항공을 '글로벌 고객 만족도' 1위에 올려놓은 원동력인 고객 맞춤 서비스라는 대한항공의 고객 최우선 경영 철학과 이어지기도 합니다.

제가 국제교류원에서 외국인으로 구성된 한국문화 체험 단체를 응대할 때의 일입니다. 여러 나라의 단체가 방문하는 행사였기에 교류원에서는 영어를 구사할 수 있는 안내원을 모집했습니다. 교류원과 다른 봉사자들이 영어 안내에 주력해 영어 홍보물을 준비하는 데 노력을 기울이는 동안, 저는 방문객의 국적을 미리 조사하고 해당 나라별 언어로 안내할 수 있는 간단한 인사법과 안내 문구를 미리 준비했습니다. 예상과 달리 영어를 전혀 모르는 방문객이 많아 모두 당황하는 가운데 제 준비 덕에 무사히 행사를 마칠 수 있었습니다. 이 경험은 고객의 입장에서 생각하는 대한항공의 서비스 철학과 무난히 연결됩니다. 이 같은 맞춤 서비스를 승무원으로서 펼쳐 보이고 싶습니다.

'최고의 서비스는 무엇이다'라는 자신만의 정의를 첫 문장(또는 제목)에 표현 → 이를 뒷받침할 자신이 제공한 최고의 서비스 경험 기술(대한항공의 인재상과 연관되는 것이면 더욱 좋음) → 그러한 최고의 서비스를 대한항공 승무원이 되어 제공하겠다는 의지로 마무리

아시아나항공에 지원하게 된 동기에 대해 서술해 주십시오.

(500자 이상 700자 이내, 아시아나항공)

    항공사에 지원하게 된 동기를 적어야 하는 만큼 자신과 항공사 간 연결 고리를 찾는 과정이 필요하다. 회사에 대해 좋은 점만 나열하면서 '나는 그래서 지원했다'는 식으로 풀어 가면 이는 당사자가 누가 되든 상관없는 글이 되므로 매력이 떨어진다. 아시아나항공의 고객으로서 만난 승무원이 멋있어서 '나도 그렇게 되고 싶어서 지원했다'는 방향 역시 글의 주인공을 지원자 본인이 아닌 과거 만난 승무원으로 만들므로 옳지 못하다.

    먼저 아시아나항공의 최신 뉴스, 이용 경험을 적은 승객의 SNS, 항공사 홈페이지, 아시아나항공 서비스 등을 찾아보고 자료를 정리한다. 그중 가장 인상에 남은 내용이나 최근 본인의 관심사와 연결될 만한 내용을 발췌해 키워드를 정리해 둔다. 그리고 이 키워드를 자신의 과거 경험, 이력의 어느 부분과 연결할 수 있을지 검토한다.

    결국 항공사에 지원한 동기를 기술할 때는 항공사에 대해 알아보며 찾아낸 키워드를 본인의 사례와 연결해 '내가 그러한 (키워드) 역량을 지닌 지원자'라는 장점을 강조하면서 '그래서 나는 이 항공사에 지원하였다'고 마무리하면 된다.

(예시)

'문화와 마음을 읽는 서비스인'

아시아나의 서비스처럼 작은 세계라고 할 만한 기내에서 각국 손님들에게 항공사만이 아닌 한국의 문화도 함께 알리며 고객의 마음부터 이해하는 서비스인이 되고자 지원했습니다. 저는 문화 교류에 대한 관심으로 한문화외교사절단 활동을 시작했고, 한일축제한마당 자원봉사에도 지원했습니다. 그때 한 일본인 참가자가 "당신의 상냥한 응대 덕분에 마지막까지 한국에 대한 좋은 인상만 안고 돌아갑니다"라고 하던 순간 벅차오르던 마음과 뿌듯함을 잊지 못합니다. 치과에서 아르바이트를 할 때는 치료를 무서워하는 아이들을 위해 치료를 끝낸 어린이 환자에게 풍선을 선물하자는 아이디어를 냈고, 이후 그곳은 풍선 주는 치과로 유명해져 아이들이 즐겁게 찾는 곳이 되었습니다.

아시아나는 최초로 기내식에 김치를 도입했습니다. 김치 특유의 냄새 때문에 타 항공사가 쉽게 시도하지 못하던 일에 과감히 도전해 한국을 알리는 데 앞장섰습니다. 로고와 유니폼 또한 한국의 전통미가 느껴지는 디자인으로 한국 대표 항공사로서 가치를 높이고 있습니다. 더불어 플라잉 매직팀 서비스, 차밍 서비스, 와인 서비스 등 한국 최초로 특화된 서비스를 제공함으로써 고객의 마음을 읽는 항공사로 거듭나고 있습니다. 이렇게 저와 닮은 아시아나에서 고급스러운 아시아나만의 서비스를 이어 가고 싶습니다.

아시아나에 지원한 동기를 한 문장으로 정리(아시아나항공에 대한, 나와 연결될 수 있는 키워드 제시) → 이를 내 경험과 연결해 지원 동기와 더불어 나의 장점을 드러냄 → 나의 장점을 아시아나에서 발휘하겠다는 방향으로 마무리

예시 항목 3

본인의 지식과 성격 측면에서 장단점을 기술해 주십시오.

(100자 이상 1000자 이내, 제주항공)

우선 문장을 잘 읽고 이해해야 한다. 기술할 내용이 많은 만큼 이를 효과적으로 보여 줄 수 있는 구성이 필요하다. 이 경우 '지식의 장단점'과 '성격의 장단점'으로 묶어서 기술하면 매끄럽게 전달할 수 있다.

'성격의 장단점'을 쓸 때 지원자는 제주항공의 인재상을 확인하고 이에 연결되는 자신의 장점 및 이를 발휘한 경험을 적은 뒤, 인재상을 고려할 때 큰 결함이 될 만한 부분을 피한 것을 단점으로 들어 이를 극복하려는 본인의 노력을 언급하며 마무리한다.

'지식의 장단점'의 경우 지식에 해당하는 것부터 알아야겠다. 지식을 단지 어학 능력, 자격증, 기술 등으로 한정해 생각하는 지원자가 있는데, 보다 폭넓게 '…을 통해 배운 점'이라고 여기면 좋다. 아르바이트하면서 배운 점, 봉사 활동에서 배운 점, 공모전을 통해 배운 점 등에 어학 능력과 각종 자격증, 보유 기술 같은 다양한 내용을 더하면 된다.

많은 지원자들이 어려움을 호소하는 부분은 다다익선이 아닐까 싶은 '지식'에서 무엇이, 어떻게 단점이 될 수 있는가 하는 점이다. 다음의 예를 통해 살펴본다.

(예시)

'무한 도전과 무모한 도전의 차이는 나의 노력 유무'

최근 학교에서 중국어 통역 멘토를 모집하는 교육 프로그램에 지원한 일이 있습니다. 중국어를 배울 수 있는 기회인 데다 중국인 교환학생 친구들의 안정적인 학교생활을 돕는 역할을 한다는 점에서 흥미가 생긴 것이었습니다. 활동적이고 적극적인 제 성격을 잘 아는 주변 사람들도 '너라면 중국 친구들에게 잘 다가갈 수 있을 것'이라며 멘토 지원에 적극적인 호응을 보였습니다. 저는 저대로 제 성격만 믿고 중국어 학습이 다소 부족하더라도 친구들과 대화하는 데는 큰 어려움이 없으리라는 안일한 생각으로 교육 과정을 마쳤습니다. 그러나 실제 멘토가 되어 친구들과 대화를 하면 할수록 제 공부가 부족했음을 절실히 깨닫게 되었습니다. 하고 싶은 일에 도전하는 것도 좋지만 일차적인 본인의 노력이 뒤따르지 않으면 결국 무모한 도전밖에 되지 않음을 이때의 경험으로 깨우쳤습니다.

'진정한 팀워크의 의미를 배운 공모전 참가'

공모전에서 팀 프로젝트를 맡아 과제를 수행한 경험이 있습니다. 팀 활동인 만큼 모든 팀원이 다른 팀원을 위해 자신의 개인 시간을 할애하며 팀원들의 이야기에 귀를 기울였습니다. 저희 팀은 전공과 관련 없는 주제를 받고 진행에 어려움을 겪으리라 예상했지만 팀원 각자에게 과제를 할당하고 틈틈이 모여 진행 사항을 확인하고 수정하는 과정을 통해 모두가 만족할 만한 발표 자료를 완성할 수 있었습니다. 한 명이라도 과제 진행이 늦으면 과정 전체에 문제가 생길 수도 있었던 짧은 준비 기간에도 불구하고, 저희는 결국 팀워크를 통해 수상의 영예를 안았습니다. 부침이 없지는 않았습니다. 발표자를 선정하는 단계에서 팀원 모두의 의견인 다수결로 발표자를 뽑기로 했는데, 뽑힌 친구가 이를 완강히 거부하는 상황이 된 것입니다. 모든 팀원이 선택한 선정 방식이므로 팀워크로 결정된 현명한 방법이라 생각했으나 이 일을 겪으며 그렇지 않을 수도 있음을 알았고, 이후 소수의 의견도 존중하고 이를 보완할 만한 능력을 지닌 팀이 진정한 팀워크를 지닌 팀이라는 생각을 갖게 되었습니다.

제주항공의 인재상과 관련된 자신의 지식적 장점을 발휘한 경험과 그 안에서 느낀 단점 + 이를 극복하려는 노력 표현 → 제주항공의 인재상과 관련된 자신의 성격적 장점을 발휘한 경험과 그 안에서 느낀 단점 + 이를 극복하려는 노력 표현

예시 항목 4

입사 후 포부

(500자 내외, 티웨이항공)

지원자에게서 다음의 두 가지를 알고자 하는 항목이다. 첫째는 지원자가 지원 직무에 대해 얼마나 알고 있는가, 둘째는 직업적 목표를 지닌 지원인가 하는 것이다. 입사 후 5년 내지 10년의 긴 시간이 흐른 뒤의 모습을 그려 보는 게 아님을 유념한다. 입사하고 길게는 3년 이내의 승무원으로서 자신의 목표를 말하고 이를 이루기 위한 현실적인 계획을 적어야 한다. '잘 해낼 것이다', '시켜만 주십시오', '만족스러운 서비스를 제공하는 승무원이 될 것입니다', '고객 감동을 이끌어내겠습니다'와 같은 다짐에 가깝거나 추상적인 표현이 아닌 실행에 옮기는 노력을 상정한 내용으로 만든다.

(예시)

'다국어 실력과 적극적인 자세를 갖춘 모범 승무원'

입사 후 근면한 자세로 타의 모범이 됨으로써 사내에 제 이름을 모르는 승무원이 없도록 하는 것이 목표입니다. 먼저 다양한 언어를 구사하는 승무원으로 이름을 알리겠습니다. 현재 구사할 수 있는 중국어와 더불어 태국 방콕에 신규 취항하는 티웨이 승무원으로서 간단한 대화는 가능하도록 태국어를 익힐 생각입니다. 둘째, 기내 서비스 아이디어 뱅크로서 이름을 알리겠습니다. 승객과 회사 모두가 만족할 만한 기내 서비스 아이디어를 제안하고자 합니다. 제가 일한 대학가 커피숍에는 문서 작업을 하는 학생 손님이 많았습니다. 이런 손님 유형을 고려해 사장님께 매장에 프린터를 두면 어떻겠냐고 제안을 드렸고, 사장님이 이를 수용해 고객 만족과 매출 상승을 얻은 경험이 있습니다. 업무를 대하는 적극적인 자세를 유지하면서 저와 회사가 함께 발전하는 Happy t'way가 될 수 있도록 노력할 것입니다.

승무원과 항공사에 맞는 목표를 표현 → 목표를 이루기 위한 두세 가지 계획을 본인의 경험과 함께 기술 → 이러한 목표와 노력을 바탕으로 장기적으로 일할 의지가 있는 지원자임을 강조하며 마무리

외국 항공사 알아보기

1. 중동 항공사

중동 항공사는 어학 능력과 국제적 감각을 갖춘 친근한 성향의 지원자를 선호한다. 면접에서 무엇보다 중점적으로 보는 것도 해당 부분이다. 따라서 지원자의 성격을 보다 더 들여다보고자 하므로 아시아 항공사의 경우보다 면접 시간이 길고 질문 또한 상세한 편이다.

특히 한국인 승무원 취항 노선은 다른 아시아 항공사보다 다양하며 전 노선에 투입되는 경우도 있어, 다양한 국적의 외국인 동료나 승객과 문제없이 소통하고 기내에서 발생하는 예상 밖 상황에도 잘 대처할 수 있는 언어 능력이 필수적이다.

대부분의 중동 항공사에는 여성의 노출을 제한하는 이슬람 교리에 따라 자국 승무원이 거의 없으며, 이들은 전 세계에서 승무원을 채용한다. 따라서 **타 문화에 배타적이지 않은 열린 자세, 다양한 문화권 사람들과 쉽게 어울리는 성향** 등이 면접에서 중요하게 평가된다. 피부는 건강 상태를 보여 준다고 여기기 때문에 건강한 피부를 가진 사람을 선호하기도 한다.

1) 에미레이트항공

1985년 임대한 항공기 두 대로 운항을 시작했다. 매출, 보유 항공기, 운송 인원 면에서 중동 지역 최대 규모를 자랑한다. 매주 300~400편 이상의 항공편이 허브인 두바이국제공항에서 출발해 전 세계로 승객을 실어 나른다. 에미레이트항공은 에미레이트그룹 자회사로, 두바이 정부 소유인 에미레이트그룹에서 일하는 직원만 해도 5만 명이 넘는다. 1988년 이래 매년 흑자를 기록 중이며, 2007년 한 해에만 130대 이상의 항공기를 구매하는 등 공격적인 경영을 해 온 바 있다. 폭발적인 성장을 이루면서도 업계 최상의 서비스를 제공하고자 끊임없이 노력하는 부분이 에미레이트항공의 성공 비결이라 하겠다. 또한 회사는 수년간 높은 품질의 기내식, 다양한 기내 엔터테인먼트, 전반적인 고품격 서비스를 제공하는 항공사로 인정받았으며 마일리지 프로그램 Skywards를 제공하고 있다.

세계에서도 손꼽히는 부국인 아랍에미리트(UAE)의 수도 두바이를 거점으로 둔 에미레이트항공은 매력적인 복지 혜택과 급여로 오랜 기간 외국 항공사 지망생의 입사 희망 항공사 1, 2위를 차지했을 만큼 높은 인기를 자랑한다. 비슷한 규모의 외항사들과 마찬가지로 외국인 승무원에게 숙소를 제공하며, 생활에 필요한 모든 물품을 무상으로 지급한다.

2) 카타르항공

카타르항공은 항공 서비스 평가 기관 스카이트랙스가 그 서비스와 우수성을 인정한 5 star 항공사 중 하나이다. 또한 가장 혁신적인 항공사이기도 한데, 2006년 세계 최초로 도하국제공항에 퍼스트 · 비즈니스 클래스 승객을 위한 프리미엄 터미널을 연 것이 그 증거이다. 업계는 중동 지역 미래 산업의 허브가 될 신공항 개항과 함께 카타르항공이 미래의 항공 업계를 이끌어 나갈 것으로 기대한다. 세계 최고의 성장률이라는 평가에 맞게 지속적으로 성장하고 있으며 전 세계 여러 지역을 빠르게 연결 중이다. CEO 아크바르 알 베이커는 항공업 분야에서 가장 영향력 있는 인물 중 한 명으로 꼽히며, 세계의 호평을 받는 카타르항공의 발전에 가장 큰 공헌을 한 사람이다. 수도 도하에서 태어나 경제와 무역을 전공한 그는 업계의 다양한 분야를 두루 거치면서 1997년 카타르항공 CEO 자리에 올랐다.

카타르항공은 Warmth(따뜻함), Charisma(카리스마), Professiona-lism(프로 정신)을 갖춘 100여 개국 출신의 인재를 전 세계에서 채용한다. 마일리지 프로그램 Privilege Club을 통해 승객이 티켓을 예약하는 순간부터 최종 목적지에 도착할 때까지 다양한 혜택을 누리도록 하며 파트너사에서 적립한 Qmile을 이용해 혜택을 극대화하는 것도 가능하게 했다.

최근 한국에서의 채용은 많이 줄어든 추세이나 가까운 다른 아시아 국가에서 오픈 데이 채용이 비정기적으로 실시되고 있으므로 항공사 채용 홈페이지를 적극 참고해야겠다.

3) 걸프항공

바레인 국적 항공사로서 수도인 마나마를 거점으로 한다. 1950년 중동 4개국(바레인, 아랍에미리트, 오만, 카타르)이 공동 출자해 설립한 회사로, 현재 유럽부터 아시아에 이르는 전 세계 26개국 40여 개 도시에 취항 중이며 중동을 대표하는 항공사 중 하나이다. 중동의 아름다운 나라 바레인의 종교적·지리적 가치를 그대로 담은 걸프항공은 반세기를 이어 온 문화적 전통을 그들의 브랜드와 서비스 철학에 잘 접목해 세계적인 항공사로 성장 중이다. 전문 요리사가 탑승해 퍼스트 클래스 고객 한 사람 한 사람을 위해 유럽·아시아·아랍 스타일의 다양한 전통 및 퓨전 요리를 선보이는 걸프항공만의 특화된 서비스, Sky Chef 서비스를 운영한다.

다른 중동 항공사와 마찬가지로 사용 언어 개수만도 70개가 넘는 60여 개 나라에서 온 2천 명 이상의 남녀 승무원들이 현재 걸프항공을 이끌고 있다. 걸프항공은 프로다운 인재, 즉 최고의 서비스를 위해 회사와 함께 하는 열정을 갖춘, 기내 서비스에서 최상의 완벽함을 추구하는 승무원을 채용하고자 한다. 걸프항공은 작은 상처, 제모나 피부 상태 등을 까다롭게 평가하는 점을 유념한다.

그 밖에 한국인을 채용하는 중동 항공사에는 에티하드, 사우디아라비아 항공, 플라이두바이 등이 있다.

2. 유럽 항공사

유럽 항공사도 중동 지역과 마찬가지로 어학 능력과 국제적 감각을 갖춘 친근한 성향의 지원자를 선호한다. 면접에서 지원자의 성격을 파악하는 데 중점을 두므로 진행 시간이 길고 질문 역시 상세한 편. 한국인 승무원 채용에 있어 중동 항공사와 가장 큰 차이라면 유럽 항공사 대부분에서 한국인 승무원을 항공사 전 노선이 아닌 한국 노선에만 집중해 투입하는 점이다. 이로써 유럽 항공사가 한국인 승무원을 뽑는 데는 **한국어를 구사한다는 점 말고도 여타 국적의 승무원보다 한국인 승무원이 '한국인 승객을 잘 알고 서비스할 수 있다'는 이유가 있음을 짐작**하게 된다. 그러므로 지원자는 중동 항공사에서 원하는 국제 감각, 열린 마음가짐을 보여 주면서 유럽 항공사들이 기대할 법한 '한국인을 이해하는 능력'까지 답변에 포함한다면 면접관의 호감을 사기에 충분할 것이다. 하나 주의할 점은 유럽 항공사는 대개의 유럽 기반 기업들과 마찬가지로 기독교 윤리에 기초한 검소함과 실용성을 그 바탕에 두고 있으므로 지원자의 지나치게 화려한 복장은 마이너스 요소가 될 수 있다는 것이다. 개성을 옷차림에 표현하되 혹 지나치지는 않은지 잘 판단해야 한다.

1) 네덜란드항공 KLM

네덜란드에 거점을 둔 세계적인 항공사 중 하나이다. KLM은 2004년 에어프랑스와 손잡고 AIR FRANCE KLM를 출범시킨 뒤 세계 최대 규모의 항공사 파트너십을 통해 세계 최대 규모의 여객 및 화물 운송을 자랑하고 있다. 제1차 세계대전이 끝난 1919년에 설립

돼 1920년 암스테르담-런던 구간 운항을 시작으로 현재 세계 최대의 항공망을 제공 중인 KLM은 스카이팀 회원으로서 사원들의 융통성, 유동성, 참여도와 건강에 관심을 가지며, '기대 이상의 그 무엇'(something extra)을 보여 줄 인재를 찾는다. 항공 업계의 변화무쌍함을 이해하고, 변화를 두려워하지 않으며, 스스로 동기 부여가 되는 승무원이 바로 그런 인재이다.

한국인 승무원은 2년 계약직 조건으로 근무하며 인천-암스테르담 구간에 투입된다. 한국인 승객을 잘 서비스할 수 있도록 한국적 정서를 이해하는 지원자를 선호한다.

2) 루프트한자

루프트한자는 독일 항공사로 전 세계에 100개가 넘는 계열사와 제휴 회사가 있으며, 세계 최대 항공사 동맹체 스타얼라이언스의 창설 멤버이다. 한국에서 인천공항뿐 아니라 부산의 유일한 국제노선인 부산-뮌헨 구간을 운영하기도 했으나 2014년 폐지했다. 1926년 창립 후 1945년에 문을 닫는 어려움을 겪었지만, 1953년 다시 사업을 시작해 '자신만의 장점을 통한 성장 정책'을 내세우며 발전에 속도를 붙였다.

3) 핀에어

1923년 11월 1일에 설립된 세계에서 가장 오랜 역사를 가진 항공사 중 하나이며, 핀란드 국영 항공사이다. 헬싱키 공항이 거점인 4성급 항공사이자 4년 연속 북유럽 최고 항공사로 선정된 회사이다. 현재 세계 63개 도시에 취항 중이며 2018년이 저물 때까지 아시아 노선을 두 배로 늘릴 예정에 있다. 정기적인 전세기편, 정비업, 지송조업, 케이터링 서비스, 여행사, 여행 정보 예약 서비스 등 다양한 상품을 고객에게 제공한다. 항공사 동맹체 원월드 회원으로 슬로건은 'The fast airline between Europe and Asia'이다.

한국인을 채용하는 그 밖의 유럽 항공사에는 에어프랑스, 에어칼린 등이 있다.

3. 아시아 항공사

아시아 항공사는 유럽이나 중동 항공사와 견줄 때 승무원 채용에서 **지원자의 나이와 이미지에 상대적으로 많은 무게를 둔다.** 이전 합격 기수에서 가장 어린 지원자의 나이가 다음 채용 시 나이 제한 기준이 된다는 말이 종종 나올 정도이다.

기본적으로 요구되는 언어인 영어와 한국어 외 다른 언어를 구사하는 지원자도 선호한다. 중국어나 일본어 등의 언어를 추가로 구사할 수 있는 지원자만 따로 모은 그룹 면접을 진행한 적도 있다.

1) 싱가포르항공

싱가포르를 대표하는 항공사. 싱가포르 창이국제공항이 허브 공항이다. 아시아, 유럽, 북미, 중동, 남서태평양, 아프리카 35개국 63곳에 취항한다. 연간 승객수 1829만 3천여 명, 매출액 127억 730만 달러 규모를 자랑한다(2009년 기준). 항공사 동맹체 스타얼라이언스의 회원사이다.

1947년 5월 설립된 말레이얀항공(Malayan Airway)이 전신으로, 당시 쿠알라룸푸르, 이포, 페낭을 연결하는 노선 운항이 사업의 시작이었다. 1963년 말레이시아항공, 1966년 말레이시아-싱가포르 항공으로 이름이 바뀌었다가 1972년 말레이시아항공과 싱가포르항공으로 분리된다. 보잉 747-400s와 777s, 에어버스 A330-300s, A340-500s 등을 포함한 항공기 105대를 보유 중이다.

2차 세계대전 종식 후 아시아 지역에서는 가장 먼저 항공업에 진출한 기업이자 기내식 서비스를 처음으로 도입했고, 1991년 인공위성을 통한 기내전화 서비스를 최초 제공하기도 했으며, 2004년 세계에서 가장 긴 논스톱 노선(싱가포르-뉴욕)을 선보였다. 2007년 10월 세계 최초로 에어버스 A380-800기를 싱가포르-시드니 노선에 투입한 바 있다. 여행 잡지인 〈트래블 앤 레저(Travel and Leisure)〉가 14년 연속 '최우수 항공사'로, 〈월스트리트 저널 아시아(The Wall Street Journal Asia)〉는 17년 연속으로 '가장 존경받는 싱가포르 기업'으로 싱가포르항공을 꼽았다. 자회사 실크에어(SilkAir), 싱가포르 에어라인즈 카르고(Singapore Airlines Cargo) 등을 통해 항공과 관련된 다양한 사업을 펼치고 있다.

마일리지 프로그램 Kris Flyer로 승객은 원하는 여행지로 가는 무료 항공권을 받거나 좌석 승급 및 가족이나 친구를 위한 동반자 항공권을 받을 수 있는 마일리지를 적립할 수 있다. 'Attention to detail'이라는 회사 슬로건에 맞는 세심하고 친근한 서비스가 강점이며, 좌석 분류도 일반적인 3등급이 아닌 4등급 체제를 사용한다.

한국인 승무원은 싱가포르에 체류하며 한국행 비행(인천발 싱가포르 경유 미국행 비행 포함)에 투입된다. 승무원은 싱가포르 전통 의상을 모티브로 한 유니폼을 입게 되므로 승무원 채용 시 허리선을 중심으로 한 신체 비율과 라인을 중시한다. 합격자 거의 대부분이 27세 이하이며 피부 상태 또한 꼼꼼히 보는 편이다. 또한 싱가포르 정부는 4년제 대학교 졸업자에게 취업 비자(워킹 비자)를 발급하기 때문에, 싱가포르항공은 4년제 대학교 졸업자 이상 지원이 가능하다.

2) 동방항공

중국의 주요 항공사 중 하나로 상하이에 기반을 둔다. 국제, 국내, 지역 노선을 운영하며 허브 공항은 상하이 훙차우공항과 상하이 푸동국제공항, 쿤밍 우자바국제공항, 시안 셴양국제공항이다. 수송 승객수 기준 중국 내 2위 규모, 시장 가치 기준 세계 3위 항공사이다. 1998년 세계 최대 해운 기업인 코스코(COSCO)와 공동 출자해 중국 화물항공을 설립하고, 2001년 중국운남항공과 중국서북항공을 인수한다. 2010년 4월 항공사 동맹체 스카이팀의 정식 회원사가 됨으로써 대한항공, 델타항공, 에어프랑스 등의 회원사들과 협력 관계를 맺게 되었다. 2010 상하이 엑스포 공식 후원 기업이었으며, 중국 정부의 승인을 받은 50개 기업 중 하나이다. 중국 항공사로서는 유일하게 뉴욕 · 홍콩 · 상하이 증권시장에 상장되었다. 한국에는 칭다오-상하이-서울 간 전세기가 1988년 처음 운항했으며, 1992년부터 서울-상하이 간 주 7회 운항을 시작했다. 2010년 상하이항공과 합병 후 서울 사무소가 한국 지사로 승격되었다. 이후 한국의 지방 공항 경유 노선 특화라는 공격적인 영업으로 고객을 늘려 나가고 있다.

3) ANA(아나)항공

일본 국적 항공사로 스타얼라이언스 소속이다. ANA는 All Nippon Airways의 약자이다. 아나항공은 일본의 경제 전문지 〈주간동양〉이 매년 발표하는 기업 랭킹에서 일본 대학생들이 가장 취업하고 싶은 일본 국내 기업 중 상위권에 오르기도 했다. 1952년 12월 27일 일본 헬리콥터 수송 주식회사(콜사인: NH)로 설립되어 1953년 2월부터 승객을 나르기 시작, 그해 12월에 정기 운항에 들어갔다. 특히 일본 영화 '해피 플라이트'의 배경이 되어 더욱 친숙한 아나항공은 22년간 무사고를 자랑하는 항공사이기도 하다.

한국인 승무원은 주로 일본과 한국을 오가는 항공편과 동남아 · 미주 노선에 투입되며, 출산 후 재취업도 자유로운 편이라 장기 근속자가 많다. 정기 채용보다는 부서 결원이 생기거나 보충 인력이 필요할 때 채용을 실시하는 점을 기억하자.

4) 베트남항공

1956년 소형 비행기 다섯 대로 베트남민간항공으로 설립, 1976년 베이징과 비엔티안으로 첫 국제선을 보냈다. 시작은 국영 기업이었으나 1996년 유한회사로 방향을 틀면서 항공 부문을 포함해 일곱 개 사업 분야로 나뉘며 정부가 임명한 7인 운영위원회가 운영 관리를 맡게 된다. 2010년 항공사 동맹체 스카이팀 회원사가 되었다.

한국인 승무원은 한 달 평균 8회 정도 비행을 하게 되며, 호치민 시티와 하노이 두 곳을 거점으로 호치민-인천, 호치민-김해, 하노이-인천 구간에 투입된다. 베트남 체류 시 호텔이 제공되고 한국에 머물 때는 집으로 가면 되는데 서울이나 부산 거주자가 아닌 경우 호텔이 제공된다. 타 외항사보다 한국에 체류하는 시간이 많고 베트남 현지에서 승무원에 대한 대우도 좋은 편이다.

그 밖에 한국인을 채용하는 아시아 항공사로는 말레이시아항공, 필리핀항공, 세부퍼시픽항공, 에어아시아엑스, 팬퍼시픽항공, JAL, 남방항공, 에어차이나, 에어마카오, 캐세이퍼시픽 등이 있다.

4. 항공사별 지원 자격과 채용 절차

		에미레이트항공	카타르항공	걸프항공
지원자격	공통	• 해외여행에 결격 사유가 없는 자 • 신체적으로 승무원에 적합한 자 • 영어 회화 및 작문 가능자, 영어에 능통한 자		
	필수	• 학력: 고등학교 졸업 이상 • 나이: 제한 없음(기혼자 가능) • 신장: 157.5cm 이상(암리치 212cm 이상) • 시력: 교정시력 1.0 이상	• 학력: 고등학교 졸업 이상 • 나이: 만 20세 이상 • 신장: 157.5cm 이상(암리치 212cm 이상) • 긍정적 마인드 소유자	• 학력: 2년제 대학 졸업 이상 • 나이: 만 21~만 30세 이하 • 신장: 156cm 이상 • 시력: 교정시력 1.0 이상
	우대사항	• 서비스 경험자 • 제2외국어 사용 가능자 가산점 부여	• 고객 서비스, 항공 산업, 서비스업, 간호 업무 경험자	• 아랍어 가능자
채용절차		• 온라인 지원 및 비디오 면접(모니터에 나오는 세 가지 질문에 영어로 답하는 면접) → Invitation을 받고 assessment day에 참여해 CV drop → 그룹 토론 → 회사 소개 PT → 영어 시험(에세이, 필기 시험) → 최종 개별 면접 ＊invitation: 면접에 초대되어 일정과 장소에 대한 정보를 받게 됨 ＊assessment day: invitation에 공지된 면접일 ＊CV drop: 면접관과 지원자가 1:1로 대면해 이력서를 제출하며 간단한 대화를 주고받는 면접 방식 중 하나	• CV drop → 영어 테스트, 에세이 작성 및 그룹 토론(회사 정보 PT, 암리치 측정) → 3차 최종 면접	• 서류 전형(홈페이지에서 직접 지원/30개 문제를 20분 내로 풀어야 하며 9개 이상 오답 시 불합격) → 그룹 토론 → 개별 인터뷰

		네덜란드항공 KLM	루프트한자	핀에어
지원자격	공통	• 해외여행에 결격 사유가 없는 자 • 신체적으로 승무원에 적합한 자 • 전문대 졸업 이상 학력		
	필수	• 나이: 만 21세 이상(기혼자 가능) • 어학: 영어 회화에 능통한 자 • 수영 능력 보유자 • 서비스 마인드와 활발한 성격의 소유자 • 한국 국적/한국 여권 소지자	• 나이: 만 18세 이상 • 신장: 160cm 이상 • 시력: 교정시력 1.0 이상 • 주안점: 건강, 성격, 협동심	• 나이: 22세 이상 • 신장: 160cm 이상 • 시력: 교정시력 0.7 이상 • 수영: 50m 가능자 • 영어 회화 가능자(토익 730점 수준)
	우대사항	• 수영 관련 자격증 소지자	• 독일어 능통 시 우대	
채용절차		• 서류 전형 → 1차 면접(그룹 인터뷰) → 2차 면접(개별 영어 인터뷰) → 신체/체력 테스트 → 최종 합격자 발표	• 서류 전형 → 1차 면접(신장 측정, 개별 인터뷰, 한국어 롤플레잉, 필기시험) → 최종 면접 → 신체검사	• 서류 전형 → 1차 면접 → 수영 심사(자유형 50m) → 신체검사 → 현지 면접관 최종 면접 → 신체검사(현지 교육 후 신체검사 재실시, 미통과 시 불합격) → 최종 발표

		싱가포르항공	동방항공
지원자격	공통	• 해외여행에 결격 사유가 없는 자 • 신체적으로 승무원에 적합한 자	
	필수	• 학력: 4년제 대학 졸업 이상 • 나이: 제한 없음 • 신장: 158cm 이상 • 시력: 교정시력 1.0 이상(라식 등 시력 교정 수술 후 3개월 후 권장) • 어학: 영어 회화 및 영어 작문 가능 자 (영어 능력 상)	• 학력: 2년제 대학 이상 졸업 및 졸업 예정자 • 신장: 164cm 이상 • 시력: 교정시력 1.0 이상 • 영어 회화 필수
	우대사항		• 전직 승무원 경력자 • 중국어 가능자
채용절차		• 서류 접수 → 1차 면접(비디오 면접) → 2차 면접(개별 인터뷰/한국어+영어 인터뷰) → 3차 면접(유니폼 착용 후 개별 면접, 기내 방송문 낭독) → 최종 합격자 발표	• 서류 전형 → 1차 면접(그룹 인터뷰) → 2차 면접 → 신체검사 → 최종 합격자 발표

		ANA항공	베트남항공
지원자격	공통	• 해외여행에 결격 사유가 없는 자 • 신체적으로 승무원에 적합한 자	
	필수	• 학력: 전문대 졸업 이상 • 나이: 만 18세 이상 지원 가능 • 신장: 제한 없음 • 어학: 토익 650점 이상 지원 가능	• 학력: 전문대 졸업 이상 • 나이: 제한 없음 • 신장: 160cm 이상 • 시력: 교정시력 1.0 이상 • 어학: 토익 550점 이상
	우대사항	• 일본어 가능자	
채용절차		• 서류 전형 → 그룹 면접 → 그룹 토론/에세이 작성 → 최종 면접 → 최종 합격자 발표	• 서류 전형 → 1차 면접(그룹/한국어+영어 인터뷰) → 2차 면접 (한국어+영어 인터뷰) → 3차 개별 면접 → 신체검사 → 최종 합격자 발표

승무원, 그 꿈을 향해 도전하다

제주도에서 나고 자란 내게 공항은 에스컬레이터도 타고 맛있는 것도 먹는, 일상을 벗어난 즐거움이 있는 곳이었다. 거기에 예쁜 언니들까지……. 미래에 하고 싶은 일은 공항과 관련된 것! 어린 마음에 딱히 의식의 작용이랄 것도 없이 주문을 걸었던가 보다. 면세점 근무 아니면 승무원이 되고 싶다……. 고등학교를 졸업하던 무렵의 막연한 생각이었다.

예전에는 상황이 많이 달랐다. 지금 같은 항공서비스과니 전문대학도 많지 않았고 정보는 더 적었던 터라 대학 진학을 항공서비스과로 한다는 건 애초에 선택지에 없었다. 일단 성적과 성격을 감안, 나는 그래도 앞으로 유망해지리라는 바람을 담아 토목환경공학과에 들어갔다. 하지만 대학을 다니면서 욕심이 생기는 걸 느꼈다. 전공에 흥미를 잃기 시작하면서 항공서비스과로의 진학을 시도조차 하지 않은 과거를 후회했고, 승무원이라는 막연한 꿈을 현실적 관점에서 가늠해 보게 된 것이다. 키가 작은 나는 외국 항공사를 목표로 하고, 대학 2학년을 마친 뒤 영국으로 어학연수를 떠난다.

시간은 흘러 3학년 겨울방학. 검색하다 알게 된 한 승무원 학원 홈페이지에서 대학 선배가 홍보 동영상을 찍은 것을 발견하고, '까짓것 나라고 못 할 건 없지' 하는 마음이 커져 갔다. 가슴이 쿵쾅대는, 왠지 뭔가 될 것 같은 그 기분이라니······. 무작정 승무원 학원에 등록하고 서울에 하숙을 구했다. 그리고 어학원과 학원 구간만 오가며 3개월을 오로지 승무원 입사 준비에 쏟아붓는다. 학원 수업이 없는 일요일에도 올림머리를 하고 다닐 정도로 검은 망 리본 머리핀과 거의 합체 상태였으니, 마음만은 이미 승무원이었다고 할까?

탈락의 고배를 마신 동방항공과 말레이시아항공 면접을 끝으로 3개월의 방학이 끝나자 나는 제주로 돌아가야 했다. 그러고 보면 인생은 정말 타이밍인지도 모른다. 그때 함께 준비하던 친구들에게서 스터디 모임을 만들자는 제안이 들어온 거다. 결실 없이 돌아가는 게 내키지 않았던 나는 합격해 결과로 말씀드리겠다며 교수님의 허락을 얻어 모임에 합류했다. 그 무렵 카타르항공 승무원 채용 공고가 났고, 나는 바로 응시해 최종 합격을 손에 넣는다. 합격 소식을 들은 날은 마침 5월 8일 어버이날이었다. 부모님께는 분명 어떤 선물보다 값진 소식이었으리라. 서울 하숙집을 정리하고, 카타르로 출국하기까지 숨 가쁜 한 달을 보내고, 마침내 합격한 동기들과 인천공항 출국장에 모인 그날, 부모님의 배웅을 받으며 흘린 눈물과 비슷한 것을 나는 여전히 알지 못한다.

꿈을 이루다. 그리고 다시 도전!

카타르에 도착해 배정받은 숙소는 지금 내가 중동에 있다는 사실을 의심할 만큼 미려한 정원을 곁에 둔 빌라, 알 누르. 짐을 정리하며 '드디어 내가 꿈을 이루어 낯선 나라에 와' 있음을 실감했다.

그리고 나의 첫 비행.

꿈에 그리던 유니폼을 입고 'trainee' 명찰을 가슴에 달고. 카타르-두바이 간 short-term 비행(단거리 비행)을 마쳤다. 긴장이야 말해 뭐 할까. 교육 기간 내내 고생하며 배운 것을 차근차근 떠올리며 성공적으로 하늘에서 내려왔다. 멋진 동료와 인자했던 나의 CS(cabin senior 카타르 항공의 직급 체계로 부사무장 급에 해당)는 곧 펼쳐질 내 순탄한 비행 생활의 예고편이었을까. 나의 카타르 시절은 한마디로 '순조로웠다'고 하겠다. 하지만 승무원은 마음의 준비가 돼 있지 않다면 고된 직업이 될 수 있음을 승무원이 되고야 비로소 알았다. 승객 수에 비해 넉넉지 못한 개수의 화장실을 청결히 유지하려면 남다른 프로의식과 비위가 요구되며, 밤 비행 도중 쏟아지는 졸음을 쫓으려 허벅지 꼬집기는 다반사, 감기라도 걸린 날에는 갤리에 들를 일이 생길 때마다 뜨거운 물을 담아 놓은 물통을 끌어안고 틈틈이 오한을 달래야 했다. 하지만 힘든 순간은 누구에게나 찾아온다. 그럴 때면 나는 승무원 입사를 준비하던 무렵을 떠올리고는 했다. 무보수라도 좋으니 이 일을 시켜만 주십시오! 감히 이런 말을 하던 시절을……

물론 승무원이기에 누리는 특별한 기회도 있다. 몰디브로의 첫 비행 때였다. 착륙 전 cabin secure(비행기 이착륙을 위한 기내 안전 점검. 승객의 안전벨트 착용 여부 확인 및 창문 덮개, 테이블 위치, 오버헤드 빈 등을 체크한다)를 하느라 한창 정신없는 와중에 CS가 나를 부르더니 cockpit(조종실)으로 데려갔다. 내가 무슨 일인지 묻는 얼굴을 하자, "입사한 지 얼마 안 된 새내기 크루지? 상공에서 몰디브 섬들을 보여주려고 불렀어"라는 게 아닌가. 선배의 배려에 감동하기 무섭게 호들갑을 떨며 '예쁘다'는 말 외에는 형용할 길이 없는 섬을 내려다보았다. 하늘과 바다가 맞닿아 온 세상이 쪽빛인 황홀한 공간을 채운 동글동글한 섬들……. 천국이 이보다 나을까 싶을 만치 감탄이 나오는 풍경에 잠시나마 몸이 굳는 듯했다.

　도하에서의 생활은 그리 다채로운 편은 못 됐다. 숙소 안 야외 수영장에서 시간을 보내거나 한국인 동료 언니들과 한식을 만들어 먹으며 비행 이야기 등으로 수다를 떠는 게 대개의 일과였다(한국 교민이 100명도 채 안 되던 시절 얘기다). 한국에 올 때면 호텔에 짐을 부리고 고향 제주행 비행기를 타러 김포공항으로 부리나케 달려가기도 했다. 이렇게 1년 조금 넘게 비행하는 동안 1기 한국 승무원들은 비즈니스 클래스를 건너뛰고 퍼스트 클래스로의 초고속 승진을 제안받기에 이른다. 카타르항공 전체에 우리 동기에 대한 호평이 자자했는데, 일 잘하는 건 기본, 그루밍이며 교육 태도 또한 좋다는 것. 당시 이 같은 제안은 그 어느 항공사에서도 유례가 없는 파격이라 할 만한 사건이었으나, 나를 포함한 동기 몇몇은 직위는 낮아도 더 많은 노선과 서비스 편의, 그리고 한국으로의 잦은 비행 등을 이유로 비즈니스 클래스로 가기를 희망하고 있었다. 고민 끝에 나는 회사를 떠나기로 했고, 결국 다시 출발점 제주도로 돌아간다.

비행에 대한 그리움은 극복하기 힘든 것이었다. 얼마 지나지 않아 나는 오리엔트 타이항공 인터프리터에 지원해 태국에서 비행 생활 2막을 열었다. 회사 규모나 복지 면에서 카타르 항공과는 비교가 안 됐지만, 다시 비행한다는 것 자체에 즐거움이 있었기에 만족했다. 여기서 1년을 채우고 다시 한국으로 돌아가 유니폼을 벗고 할 수 있는 일에 대해서도 생각했다. 승무원 이후의 나의 길을 어떻게 설계할 것인가…… 호텔에서 일하고 무역회사도 다녔다. 그리고 결국 내게 가장 잘 맞는 일은 승무원과 관련된 일이라는 소중한 결론을 얻었다. 입사를 준비하면서 얻은 배움과 경험을 나눌 수 있다면, 그 시절 나와 같은 꿈을 꾸는 이들을 도울 수 있다면, 그건 그것대로 또 다른 비행이 아닐까. 이렇게 나는 9년 전 승무원 학원 면접 강사가 되었고 이때의 경험을 토대로 대학에서 강의를 하기에 이른다.

다양한 학생을 만나고 가르치고, 여러 항공사 승무원 및 지상직 면접관 경험을 통해 채용자 입장에서 느끼고 배운 것들이 9년간 차곡차곡 쌓여 갔다. 비행기에서 내려 과거 내 모습과 닮아 있는 승무원 지망생들을 만나면서 나는 다시 나눌 필요를 느꼈다. 이 책은 내가 목표를 위해 있는 힘껏 헤쳐 나가던 시절의 연장선상에 놓인 결과물이다. 나는 이번에도 노력을 게을리 하지 않았다.